これでわかる

中国人の常識・非常識

巨大な隣人とのつきあい方

北京大学教授
尚会鵬・徐晨陽

三和書籍

はじめに（再版にあたって）

日中両国の間にはこれまで長い間、衝突や摩擦が存在してきた。それを悲観的に見る人たちもいるが、私は楽観的な態度をとってきた。その理由は、日中間には、中東のアラブとイランや南アジアのインドとパキスタンの対立のような「神の名による邪悪との戦い」「自分だけが正しい」といった宗教的な衝突がないからだ。両国の文化の中には「和」の伝統があり、両国の対立は世俗的で技術的な問題だと考えるからである。日中間で、宗教的な理由で衝突が起こった事例を私は聞いたことがない。日中関係は、偶然の事件により良くなったり悪くなったりするのも特徴である。摩擦があることは、異常ではなく、交流が深まっていることの表れである。往来がない人たちの間には摩擦は生まれないし、むしろ触れ合いが多ければ付き合いが濃くなり摩擦も増えるものだ。

最近、日中貿易の総額は日米のそれを超え、二五兆円となり、併せて、中国の日本企業は三万五〇〇〇社、そして就労者は九〇万人となった。また日中間を往来する人は、七〇年代には毎年一〇〇〇人前後だったのが、現在では毎年四七〇万人にもなった。往来が増え、それによって関係が密接になることで摩擦が増えるのは、むしろ正常なことだ。

私と徐晨陽氏が一緒にこの本を書いた出発点はまさにここにある。具体的な事例を通して中国人と日本人との間に発生する摩擦を分析し、その解決の道を探ることである。

この度、三和書籍からこの本が再版されるにあたり、新たなイメージを読者の前に捧げられることをたいへん嬉しく思う。われわれの希望と願い、あるいは苦労と努力が、尊敬する日本の読者の皆様に伝われば幸いである。

二〇〇八年三月　　尚会鵬

はじめに（初版）

私が本書の取材のために話を聞いた多くの日本人は、「中国人とは理解し得ない部分がある」と語っていた。一方、中国人の多くも、「日本人、日本式のやり方にはついていけない」と語っているのだ。

中国と日本、とても近い国なのに、とても遠いところがある。研究者としての私の使命は、両国間に横たわる誤解や齟齬の一つひとつを解明し、相互理解の架け橋になることにあるのではないか、と思うようになった。異文化コミュニケーションと異文化理解の伝道者とでも言えばいいだろうか。そのためには、机上の空論であれこれ論じるのではなく、多くの人に話を聞き、多様な事例を収集し、それを分析し理論的に論じるしかない。

収集と分析という二つの仕事は段階を経て進められた。事例収集を主とする第一段階（二〇〇〇年一一月〜二〇〇一年二月）では、日本で調査訪問を行い、日本政府の役人、ビジネスマン、経営者、大学教授、中国人留学生、主婦、元外交官等、日本人、中国人を問わず、多くの人に取材をし、一人ひとりの話を長い時間をかけてうかがった。文献からの収集も含めると、一〇〇をくだらない事例を入手できた。事例分析を主とする第二段階

（二〇〇一年二月～九月）では、東京と北京という「両京」で事例収集を続けながら、事例を個人、社会集団という形で分類し、整理と分析を加えた。

本書は、大きく、事例の紹介と分析を行ったパートと、そこから普遍的な真理を導き出した総論部分とに分かれている。総論部分では、中国と日本のほかに、米国の状況の分析も紹介してあるのが特徴と言えるだろう。米国は今回の研究の重点ではないが、西欧社会の一つのモデルケースとも言える米国の例を引くことで、日本と中国の特徴をなおさら浮き彫りにすることができるからである。

一言お断りしておきたいのは、取材部分を中心に本書には、「日本人は……」「中国人は……」といった使い方が多出するが、これは著者が、ある種の普遍的な概括を行う際に用いる言い方であり、すべての日本人または中国人がこうだと言っているわけではない。日中間のさまざまなトラブルは異なる視点から分析・認識することが可能である。私たちの研究は一つの視点を提供したに過ぎない。このこともお断りしておきたい。

この原稿は、当初から日中両国の人が読むことを想定して書いた。そのため異文化コミュニケーションを説くと同時に、中国人への提言も含んでいる。中国と日本、両国民の相互理解を促進するのに本書が少しでも役に立てば、著者にとっては望外の喜びである。

本書の出版に際し、取材に応じてくれたすべての方々に厚く御礼を申し上げたい。そのサポートがなければ私たちの研究はスムーズに行われることがなかっただろう。本来なら、出版の前に皆さんからうかがった話と私たちの分析を合わせて目を通してもらい、それぞれの意見を聞くつもりであったが、関係する人が多すぎて、そこまでやるのは物理的に難しいため、省略したことをご了解願いたい。もし本書が、日中間の相互認識にいくばくかの価値を持つものとなったなら、取材を受けてくださった皆さんが自分なりの方法でそれぞれの力を捧げたと言えよう。

大木建設株式会社の野澤義勝社長と早稲田大学の木村時夫・名誉教授の提案、お働き、そして、大木建設の援助のおかげで、著者の一人である尚が研究のための来日のチャンスを得た。また、北京国際関係学院で外国人名誉教授として勤められている鈴木英司先生には、適確なアドバイスと原稿の修正をしていただいた。皆さんに感謝の意を表したい。

最後に、この本の出版のために、私たちの不完全な日本語の文章を、日本の読者にわかりやすく、読みやすく編集してくださった三和書籍のスタッフの皆さん、そしてこの原稿を世に出してくれた高橋社長に、心からお礼を申し上げます。

二〇〇二年五月　著者

第I部 知らないと困る中国的常識

社会生活

対人関係

第II部 中国人とのビジネスを成功させるための方法

組織

ビジネス

総論

本文イラスト●草田みかん

第 I 部

知らないと困る中国的常識

社会生活

1

決して人に頭を下げない中国人に囲まれて

（Sさん、中国人、男性、四九歳、旅行会社勤務）

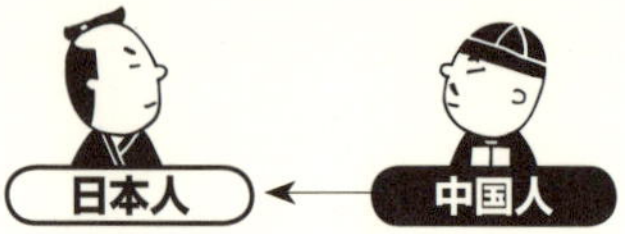

私は、北京でツアーコンダクターの仕事をしています。お客さんは、日本からのいわゆる団体旅行の方がほとんどです。

実際、ツアーを迎え入れる中国側に問題が多すぎるんですよね。スケジュールの変更はしょっちゅうだし、現地のガイドの遅刻も当然。それで、日本人のお客さんからはクレームの山。

たとえば受け入れ側の都合でスケジュール変更があったなど、受け入れ側が原因で迷惑

がかかった場合、中国人が謝らないことが日本人には理解できないようですね。中国人の感覚で言えば、謝るなんて、国の存亡にかかわるほどの大事なのです。まあ、これは言いすぎかもしれませんがね。

日本人はトラブルが発生したら、「ご迷惑をおかけました。どうもすみません」と繰り返し謝りますが、中国人はそれがなかなか言えないのです。

私は日本人とつき合っていて、このあたりがよくわかっていますから、自分自身の責任でなくても、とにかくお客さんに謝るようにしています。謝ることで、お客さんの怒りがやわらぎ、気持ちを落ち着けてもらえるからです。

ただ、そんな私のことを中国人の仲間は「謝り先生」と呼ぶんですよ。ちょっと心外なんですけどね。

責任の所在がはっきりするまで、中国人は謝らない

日本人は、よく「すみません」とか「ごめんなさい」を口にする。重大な事故やスキャンダルが起こった場合、日本では、当事者がまず記者会見の場で「謝罪」するのが常だ。

誰が悪いのか、誰に責任があるのか、その後の対策をどうするかは別として、とりあえず謝るのだ。これは、日常生活の中でも同じで、日本人はよく「すみません」と言い合っている。そのためか、日本人同士はあまり喧嘩をしない。一方、なかなか謝らないのが中国人だ。

どうして、中国人と日本人はこんなにも違うのだろうか。

この問題を解くカギが、「責任」である。中国人が簡単に謝らないのは、謝ることを責任と密接に繋げて考えるからだ。責任の所在が完全にはっきりしないうちは謝らない。逆に言えば、中国人が「すみません」と謝るときは、当事者として自分に非があると認めて、罪の意識、責任をもって謝罪しているということだ。

日本人は簡単に人に謝る。しかし、謝るときにまず考えるのは、責任よりもむしろ、その行為によって、自分と相手が置かれている目の前の「事態」が悪化するかどうかということだ。相手との関係が悪くならないか、相手が怒ってこの仕事がパーになるのではないか、自分がひどい人間だと思われるのではないか……。こういったことが頭の中を駆け巡り、事態の悪化を防ぐために、先に謝り、その後、「で、誰（何）が悪かったのだろう」と考える。

日本人にとっての謝罪は、申し訳ないという個人の感情のあらわれである。謝罪することで、相手との関係をとりあえず丸くおさめようという意図が隠されているわけだ。

旅行会社に勤めるSさんは明らかに「事態優先」型の思考の持ち主だ。つまり、責任が誰にあろうが、目の前に「お客さんがクレームを出している」という重大な「事態」があり、事態のさらなる悪化を防ぐために、法的な責任の所在表明はひとまず別次元のこととして、とりあえず謝る。謝ることと責任の所在とは違う次元の話で、このような日本的行動様式では、自分に責任がなくても謝るわけである。

反面、トラブルの責任が自分にあっても、目の前の人間関係が深刻な「事態」にならなければ、本気で謝らないこともあり得るのだ。

社会生活

2

何かというと「お返し」ばかりの風習にはうんざり

（Zさん、在日中国人、女性、三八歳、主婦）

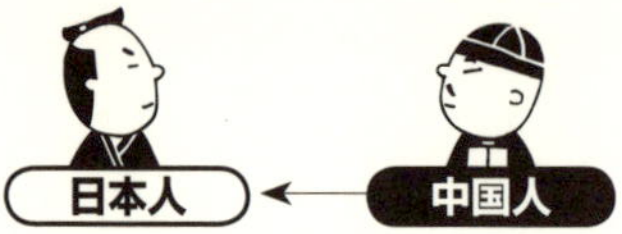

夫とは一九九七年に結婚しました。夫が日本人だったから、日本に住むことにそんなに違和感はありませんでした。でも、暮らしていく上で、やはりちょっと戸惑いはありますね。そうそう、特に、「お返し」とか「お祝い」の習慣って、いまだになじめなくって。

たとえば、ご近所の方に、手づくりの餃子を

差し上げたとしますよね。こちらとしては、純粋に厚意でしていることなのに、それを受け取った人から、「ありがとう。ちょっと待っててね」と、その場でそれなりのものが返されてしまうんです。これにはびっくりしました。手づくりの品を軽い気持ちで持っていったのに、即座に「お返し」をされては、まるで物々交換のビジネスでもしているみたいで。

それから、たとえばAさんが結婚するときに、Bさんが一万円のお祝いを出したとしますよね。でも、これは「お祝い」じゃなくて、Aさんからも等価の返礼があると考えての慣習なんですよね。五〇〇〇円は結婚披露宴に出る食事代に相当。残りは、五〇〇〇円程度の引出物で返す。引出物の代わりに商品リストを配り、参加者があとでその中のどれかを選ぶと、自宅に品物が届けられる場合もあったりして。引出物が三〇〇〇円くらいのときは、新郎新婦が新婚旅行から帰ってきたときに、二〇〇〇円のお土産が配られる。これでバランスが取れるわけです。中国人の私から見たら、どうにも理解ができなくて。

そうそう、もう一つ。日本では、人に親切にされたら、その場で感謝するだけでなく、それから先もずっと感謝の気持ちを示さなくっちゃいけないんですよね。昨日、友達からごちそうになれば、その場で「ごちそうさまでした」と言い、今日会っても、「昨日は、ごちそうさまでした」とお礼を言う。で、明日、顔を合わせても、「この前は、ごちそうさまでした」と新たにお礼を言わなければならない。これも中国とは違うことで、ずいぶん面くらいました。

……

親しい人に感謝するなんて、水くさい？

日本では、他人から厚意を受けたら、それと同じような厚意で報いるべきだという考え方が根強くある。少し難しい言葉になるが、日本人の行動は「互恵規範（相応の厚意で報いる考え方に基づいた行動規範）」に支配される傾向が強いということである。

中国でも、「礼は往来を尊ぶ」、「恩を知って恩を返す」などと教えられるように、比較的、日本に近い考え方が存在する。日本も中国も、冠婚葬祭などで受け取ったものに「お返し」する点では一致している。ただ、日本と中国で異なる部分もあるのだ。

それはズバリお返しをする時期。中国人は、人から何か贈られた場合、即座には返さないのが普通である。これは、「ご厚意は確かに頂戴しました。でも、これからもおつき合いは長いので、いつかお返ししますね」という発想から来るものだ。その場で返すということは、あなたに借りをつくりたくない、イコール長くつき合いたくないという意味合いになる。

　また、中国人は贈り物をもらったり、他人に助けられたりした場合、その場で「ありがとう」と言えば十分で、何度も繰り返し感謝したりはしない。さらに、親しい友達や身内から親切にされた場合は、お礼を言う必要すらない。お礼は一種、儀礼的行為と見なされ、感謝することは、かえってよそよそしく、親しみがないように思われる。

　一方、相手から何かしてもらったら、日本人は何度も何度も感謝の言葉を口にする。日本人から親切にされた中国人が、次に会ったときに以前のお礼を口にしなければ、「礼儀を知らない」、「無神経だ」と思われる可能性もある。

　こう考えてくると、経済援助に関する日中のズレも、この文化的背景が影響していると考えられる。日本人は、日本の援助を受けた中国人が、この厚意への感謝を繰り返すことによって、そこに初めて誠意を見るのだろう。しかし、中国側にしてみれば、援助の多くは貸し付けであり、貸し付けられた元本を返さなければならない。条件は優遇されていても、感謝の繰り返しは必要ないと考えているわけだ。

社会生活

3

ゴミ箱に捨てられていた母国からのプレゼント

（Jさん、中国人、男性、三一歳、T大学大学院修士課程在学中）

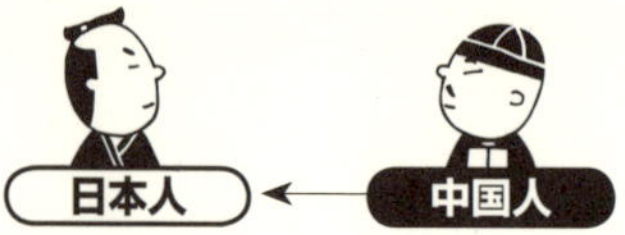

日本の大学教授と教え子との関係は比較的浅いものですね。日本の教授が学生と接するのはあくまで研究者として。両者を結びつけるのは学問だけ。でも、中国の教授は教育者として学生と接している感じがします。人間同士のつき合いとでも言えばいいのでしょうか。

その証拠に、中国の大学に通っていた頃は、公私問わず、何かあればすぐに先生に相談していましたからね。ガールフレンドまで先生が紹介してくれたりもして……。単なる教

師と生徒との関係を越えた、親密な雰囲気が研究室には漂っていました。だけど、日本にはこんな雰囲気はないですねえ。私が留学生だからですか？　いや、そればかりが理由ではないと思うんですよ。

母国で見ていた教師と学生の関係が頭にあるせいか、中国人留学生は、中国式のやり方で日本人の教授とつき合おうとします。たとえば、教授に贈り物を贈ったりすることなんかも含まれるんですよ。

でも、日本では、こんなことは効き目がないようですね。ある日、研究室のゴミ捨て場に「五糧液」と「高麗人参」が捨てられているのを偶然、発見して……いやあ、本当にショックでした。

「五糧液」は中国人の学生から、「高麗人参」も中国人の学生、あるいは韓国人の学生からの贈り物だったんでしょうね。どちらもとても高価で貴重な品ですが、封を解いたあとさえありません。

日本の教授は贈り物などに興味を持たないってことを、この出来事で思い知らされましたね。そんなことをしなくても、必死で勉強すれば、そのほうがよほど認められるんですよ。

●——贈り物で人間関係をつくるのが中国人

中国人も日本人も人間関係をスムーズにするためよく贈り物をする。しかし、そのやり方は両国それぞれに違う。相手に過度な負担をかけないように気遣うのは日本人のやり方のコツだ。それに比べて、中国人が贈り物をするとき、よく考えるのは相手に対する尊敬、感謝などの気持ち、それから自分と相手との関係の深さだ。だから、中国では、贈り物の重さによってその人間関係を測る傾向がある。すなわち、贈り物は高価であればあるほど、贈る人の好意が深く、贈る人と贈られる人の友情が深い証とされるようだ。

この中国人留学生が高価なものを教授に贈る意味は、いくつか考えられる。1、教授への深い尊敬の意を表すため。2、教授から何か大変お世話になったことがあるので、その感謝の意を表す。3、教授と深い友情がある。4、「何かを贈ると、信頼関係がつくられ、相手がよくしてくれる」と思ったため、などである。

仮に、学位論文などの審査の際に、五糧液や高麗人参などの高価な品を贈って、「お手やわらかにお願いします」の意を伝えようとすると、これは「賄賂」に近く、その瞬間、その学生の人間性に疑問符がつけられてしまう。これは中国でも日本でも同じだろう。

社会生活

4

事故を目撃しても、知らん顔をすることが正義？

（Gさん、在日中国人、男性、四九歳、大学講師）

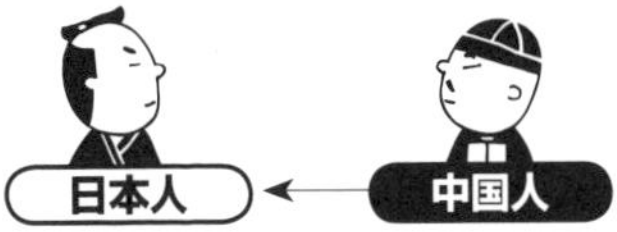

私は日本のあるキリスト教系大学で教鞭をとっています。私たち中国人から見たら信じられないようなことを平気でする日本人の話を、ちょっと聞いてください。

ある日、同僚の教師たちとスクールバスで外出をしたんですが、その途中、交通事故にあい、道路脇の溝にバイクごとひっくりかえっている青年を目にしました。どうやら、その青年はウチの大学の学生のようです。バスはそこで停

車したのですが、誰も降りようとはしません。

私はあわててバスを降りて、電話で救急車を呼びました。そして、青年のもとに急いで駆け寄ったのです。幸い、意識ははっきりしており、ケガもたいしたことはなさそうです。私は、彼に、「もうじき救急車が来る。落ち着いて、待っていれば大丈夫だから」と伝え、励まし、バスに戻りました。

正直、そのとき同僚にはがっかりしていたんですよ。「みんなキリスト教徒なのに、事故にあった学生を目にしてもバスから降りないなんて」って。怒りと言ったほうがいいかもしれません。

ところが、二日後の職員会議で、私にとってショックな出来事が起こりました。学部長が、個人名は出さずに、でも私のことだとはっきりわかる形で、その件を非難したんですよ！学部長が言うには、そこでバスを降りたことは早計に過ぎたと。交通事故は通学の途中で発生したもので、キャンパスの中ではない。それならば、教師はタッチすべきではないのだと言うことです。仮に何かあって、その後、学生の親からクレームでも来たら、面倒になるからと……。

学部長だけでなく、他の日本人教師も同じ意見でした。本当にがっくりきました。

今思い出しても、そのときの行動は間違っていなかったと思っているのですが、日本人には通じないようですね。

・・・・・・

「面倒に巻き込まれるのはイヤ」が中国でも浸透中

二〇〇一年一月二六日、韓国人留学生の李秀賢さんと神奈川県在住の写真家・関根史郎さんが、JR大久保駅で線路に落ちた男性を助けようとして、列車にひかれ死亡する事件が起きた。この出来事がもたらした大きな衝撃を覚えている方も多いだろう。一月二九日には、森喜郎首相と河野洋平外相（いずれも当時）が二人の葬儀に参列し、李秀賢さんは日本国民の手本だと森首相は口をきわめて絶賛した。

森首相の言葉を持ち出すまでもなく、互いに助け合う「互助」の精神を、日本人が近年忘れがちであることは否めない事実だ。誰かが道端で倒れ、苦しんでいても、見て見ぬ振りをして知らん顔。「大丈夫ですか」と声をかける人すら少ない。

これは、日本人が冷たい民族だからというわけではなく、日本が完全な法社会であることが影響していると筆者は考えている。

道端で苦しんでいる人がいても、医者や看護師でもない限り、その人をその場でどうこうすることはできない。できることといえば、せいぜい警察に通報することぐらい。その物事に自分は法的な権利を持つわけではない、もし何か余計なことをして法的な問題が発生したら困る。悪くすると警察に行って事情を説明するはめになるかも。そんなのは迷惑だ。だから関わり合いにはなりたくない——日本人はこうしたことを瞬時に判断し、足早にトラブルの現場から立ち去ってしまうのではないだろうか。

中国はまだ完全に法体制が確立した社会ではない。Gさんのような助け合いの気持ちも生きている。

ただし、こうした助け合いの行為も減り、人々が徐々に冷淡になりつつあるのも現実なのだ。北京で起こった「梁おじいさん」の事件がそのいい例だろう。

梁さんという老人が、発作を起こし、道端で倒れた。野次馬がよってきたが、彼らは老人を取り囲むだけで、手をかす者は一人もいない。結局、その老人は凍死したという（二〇〇一年二月二日付「中国青年報」）。

もし誰かが助ければ、老人は死ぬことはなかったかもしれないと、当時、マスコミは論じた。しかし、法体制が整った社会原則から言えば、そのときの野次馬の非はすぐに警察なり救急車を呼ばなかったことにあり、何の資格もない人間が人工呼吸などの医療措置をすることは許されないのだ。

このような社会で長く暮らしていると、法的観念が強い割に、責任感と勇気がなく、人に対して冷淡で鈍感になってしまう可能性もある。現代社会の悲哀とも言えるだろう。

社会生活

5

電車で席を譲らない日本人が不思議

（Lさん、在日中国人、男性、三九歳、G学院中国語教師）

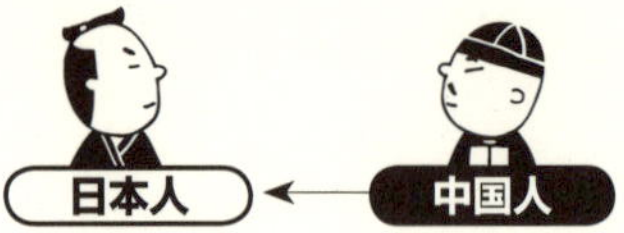

老いた親が病院へ行くとなったら、子供がお供をするのは中国ではごく普通のことです。でも、日本ではそうした姿をあまり見かけないですね。いわゆる働き盛りの世代は忙しくて、親を病院に連れて行く時間的余裕がないんでしょうか。一人で通院しているお年寄りが多いように思います。また、年をとって、介護が必要になると、金銭的援助をするとか、老人ホームに入れるとかで、子供が自ら介護をするケースはそれほど多くないようですね。

お年寄りとの関わりということで言えば、日本人はちょっとお年寄りに冷たいんじゃないでしょうか。中国だったら、バスや電車といった乗り物の中で、若者がお年寄りに席を譲るなんて、当たり前の光景です。でも、日本はそうじゃありませんよね。

以前、大学のスクールバスに七〇歳に近い大学教授と見受けられる人物が乗り込んできました。足腰が弱っているようで、少しふらついています。空席はありません。若い教員ばかり乗っているのに、誰も席を譲らないんです。これが中国だったら、我先に皆席を譲っているでしょうに。

えっ、私ですか？　うーん、譲りたかったんですよ。でも、譲るべきかどうかわからなくて……。まわりを見ると、皆寝た振りとか見ない振りをしているし。さんざん迷った末、私もとうとう立たなかったんです……。

◉──「席譲り景品つきキャンペーン」も行われる中国

席を譲るという行為から老親介護まで、若い世代とお年寄りとの関わりは多岐にわたる。ここでは、まず「席を譲る」ことに関して考えていこう。

日本の若者は公共の場で老人に席を譲ることが少ない、それは老人に対して冷たいからだと、Lさんをはじめとする多くの中国人が思っている。しかし、筆者はたくさんの日本人に話を聞いた結果、あることに気がついた。

日本人だって、お年寄りや身体の不自由な人を目にすれば、すぐにでも立って席を譲りたいと、心では思っているのだ。しかし、現実には立てない。それには、いくつかの理由がある。

一つ目は、譲った相手に拒否されるのではないか、相手にかえって不愉快な思いをさせるのではないかという心配だ。席を譲られたほうからすれば、「自分はまだ元気なのに（若いつもりでいるのに）、席を譲られてしまった」と複雑な気分になり、拒否することが多いという。お年寄りのみならず、子供連れの女性も人からあまり席を譲られたくないように見受けられる。

これは筆者が実際に目にした光景だが、若者に席を譲られた子供連れの女性が、遠慮した末、腰を下ろした。しかし、どうにも落ち着かない様子で、ソワソワとし、結局、次の車両に移ってしまったのだ。こんなことが日常茶飯事だとすれば、席を譲るのにも勇気が要るし、そこまで心配して席を譲る必要もないと思うのは当然のことだろう。

二つ目の理由としては、自分だけ席を譲って下手に目立ってしまうのはいやだという気持ちだ。「ほかの人が立たないのに、私だけ立つと、いい格好をしていると思われるんじゃないだろうか」と。さらに、周囲の視線を集めてしまうことへの恐怖もありそうだ。席を譲ると、それだけでまわりの視線を引きつける。日本人は、自分だけが目立つことをとてもいやがる民族なので、そのあたりの理由も大きいだろう。

席を譲るなんて一見簡単そうな行為だが、日本人の胸にはこれだけのことが去来するのだから、中国人よりも大きな勇気が必要となる。お年寄りが近くに来ると、席を譲らなくてもいいようにわざと別の車両へ動く人もいるほどだという。

ちなみに最近、中国鄭州市の路線バスでは、「席譲り景品つきキャンペーン」を行い、席を譲る行為を奨励している。席を譲る人の中には、ごく少数ではあるが、景品目当ての人物もいるらしい。しかし、多くの人は、当たり前のこととして行っていると、車掌は取材に答えている（二〇〇一年三月三一日付「北京晩報」）。

さて、次に老親の介護（扶養）に関して考えていこう。

それには、一八歳から二四歳のアジアの若者を対象に行った調査が参考になるだろう。この調査では、「どんなことをしてでも親を養う」、「自分の生活力に応じて親を養う」、「なるべく親自身の力や社会保障にまかせる」の大きく三段階に分けて、老後の親との接し方について質問をしている。

その結果、「どんなことをしてでも親を養う」にイエスと答えたトップの国はフィリピンで、回答率は八〇・七％。続いて韓国で、六六・七％だった。日本は最下位で、イエスと答えた者は二二・六％しかいなかったという。その代わり、「自分の生活力に応じて親を養う」を選んだ日本人は最も多く、六五・六％を占めるというのである（総務庁青年対策本部編『世界の青年との比較から見た日本の青年――第五回世界青年意識調査報告書』）。

この調査は中国を対象にしていないが、中国の状況は韓国とフィリピンに近いものと筆者は見ている。日本とは、その点で大きく異なるわけだ。

その理由としては、二つのことが考えられる。第一は、中国や韓国、フィリピンではいまだに儒教の思想に基づく「孝」の精神が脈々と息づいていること。第二は、日本のように高度に発展した国家と違い、中国などの途上国は社会福祉の制度もさほど整っておらず、相互扶助がまだ社会のベースで、お年寄りの扶養は親族集団の力なくしては成立しないためである。

対人関係

6

「ウチに遊びに来てね」を本気にしちゃいけないの？

（Lさん、在日中国人、女性、四五歳、教師）

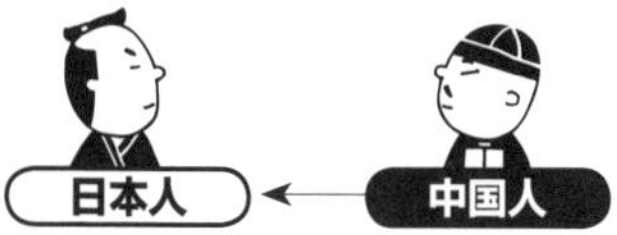
中国人
日本人

日本人って、中国人よりも人間関係が淡白な感じですよね。職場の同僚とでも、たとえ家族との間でも越えない一線があるというのか。

中国だと、友人関係でもすごく密接なものがあって、しょっちゅう誰かが家に遊びに来たりしますが、日本ではそんなベタベタしたこともないようですし。気軽に遊びに行くのではなくて、日本だと正式な「お

今度あそびに来なヨ
社交辞令
行クヨ！

招き」があって、家に行くというところがありますよね。

中国から来た私には、そのあたりがまだなじめなくって……。まあ、中国もそのうち、日本みたいになるのかもしれませんけれど。

たとえば、日本人の友達から、「休みの日にでも、遊びにおいでよ」と言われたとしますよね。中国人のほうはすっかり本気にして、次の休日に最寄りの駅から「これから、遊びに行くよ」と電話したとしましょう。ところが、当の日本人はまだ寝ていて大あわて。電話の声にも、なんとなく迷惑そうな響きがこもっている。そして、結局、「家の中も片付いていないし、外でお茶でもしようよ」ということになってしまう。

実は、これは私の教え子が実際に体験したことなんです。彼は、その一件ですっかり日本人はうそつきだと思い込んでしまったみたいで……。

私はそこまでは思いませんが、でも、日本人が口にする言葉をすべて額面どおりに受け取ってはいけないとは感じています。日本人は礼儀正しいけれど、相手とつき合うときに心のすべてをさらけ出したりはしないんですよね。中国と違って、あまりお客を家に招かないというのも、それと関係しているのではないでしょうか。

◉──うそつきと思われた日本の礼儀

「日本人は礼儀正しいが、冷たい」というのは、筆者が話を聞いた在日中国人や日本で生活したことのある中国人の多くが口にしたことである。

日本人は世界でも一、二を争うほど礼儀正しい民族だろう。しかし、場合によっては、相手とコミュニケーションを取ることよりも、礼儀や形式を優先させてしまうことがあるようにも思える。特に初対面の人と話をするときが顕著だ。会合などで同席しても、「はじめまして、○○です。どうぞよろしく」という丁寧な挨拶のあとは、うまく話が続いていかない。

中国人のほうはと言えば、日本人と比べてやや無遠慮な部分はあるにせよ、フレンドリーで、積極的に相手と話をしていこうとする。

中国人から見て、日本人がよそよそしく、親しみにくく感じることの理由は三つあげられる。

一つ目は、日本人は、自分自身の内面をあまり他人に打ち明けない(＝自己開示しない)ことによる。大陸的な性格を持つ中国人、さらにオープン・マインドなアメリカ人の場合、あまりよく知らない相手でもパーティや食事に招待したり、すぐファースト・ネームや呼び捨てで呼び合ったりする。しかし、こうしたことをする日本人はごくまれで、よく知っている人以外に対しては堅く殻を閉ざしてなかなか打ち解けない。

二つ目は、日本人は、感情を表に出さない傾向があることだ。率直に感情を表現することは、未熟で落ち着きがない、さらには無礼だとまで思われる。率直にものを言う人より、本心を見せずにニコニコしている人のほうが評判がいいのが日本社会の特徴だ。そのせいで、中国人をはじめとする外国人は、日本人の本音をつかみにくくなり、コミュニケーションを取りづらくなる。

三つ目は、日本人がよく言う「以心伝心」の精神である。率直に意見を交換せず、「口にしなくても思いをわかってほしい」と考える日本人がなんと多いことだろう！　しかし、それは異文化の民族には通用しないことである。中国人の戸惑いの原因もここにあるのだ。

Lさんの話に出てきた、「家に遊びにおいでよ」という発言も、当の日本人にとって決して悪気のあったものでも、嘘をつこうと思って言ったことでもないに違いない。それは、日本社会で言うところのいわゆる「社交辞令」であって、正式な招待ではないからだ。仮に、本当に家に来てもらおうと思ったら、日本人の場合、「次の日曜日に家に遊びに来ませんか。

ご都合はどうでしょう?　こちらとしては、時間は○○時からならOKですよ」と、かなり具体的に話を持ってくるだろうから。

そのあたりを見きわめて日本人と接していくよう、中国人は気をつけるべきだろう。言葉を換えれば、ビジネスであれ、友人としてであれ、日本人が中国人とつき合おうと思うならば、極力、日本流の社交辞令を控えるのが賢明な策だ。中国人はその言葉を額面どおりに受け取って、無邪気に喜び、そして失望してしまうのであるから。

最後に、もうひとつ。日本人が中国人と比べて、家に人を招かないのは、相手への気遣いの意味合いもあるに違いない。「遠いところ、わざわざ来てもらう」「狭い家だとかえって気を遣わせてしまう」「家に来るとなると、お客さんもそれなりのお土産を用意してくるだろうから、かえって申し訳ない」など、日本人独特の配慮が働き、それなら外で会いましょうという話になるのだろう。家に招かれないから、心を開いてもらっていないと考えるのは、中国人の早計である。

対人関係

7 他人のものに無断で触れる神経についていけない

（島田裕巳編『異文化とコミュニケーション』より）

『異文化とコミュニケーション』（島田裕巳編、日本評論社）には、中国人と日本人のメンタリティの違いを知る上で興味深いエピソードが掲載されている。以下、要約して紹介しよう。

ある日本人が親しい中国人を下宿させたときの話だ。その日本人が、自分の家に帰るたびに、部屋の様子が変わっていることに気がついた。次第に、自分の部屋ではなくなってくる感じさえしたという。そこで、下宿している中国人に対して、家の中のものはいじら

ないようにと注意した。すると、その中国人は、「私が整理したほうがきれいになるし、あなたも使いやすいはずだ」と答える。

そういうことではなく、他人にものを触られるのがイヤなのだと言い聞かせても、「きれいなほうがいいに決まっているじゃないか。そもそも、イヤだと思ったらどうしてその時点で言わないのだ。黙っていたのは、それを許して認めていたということではないのか」とけげんな顔で反論されてしまったという。

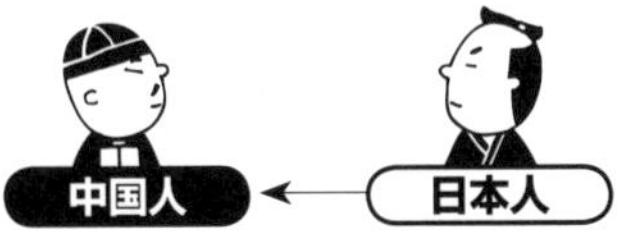

●プライバシーより相互扶助を優先する中国社会

中国人と日本人の考えるプライバシーの意識にはかなり隔たりがある。

このケースでもわかるとおり、中国人には、同じ家に住んでいる以上、仲間のものを整理整頓してあげるのは当たり前だという感覚がある。この根底にあるのは、忙しい人を助けてあげたいという相互扶助の精神であろう。一方、日本人の多くは、私物を勝手に動かされたり、触られたりすることに我慢ができない。

中国人のプライバシー意識の希薄さは、農村部においてとりわけ顕著である。筆者が実際に取材したケースだが、農村部ではいまだに新婚夫婦の部屋の会話を盗み聞く「聴房」の風習が残っている。さらに、都市部で暮らす人々も、子供の日記を勝手に読んだり、年収や既婚か未婚か、子供はいるのかなどを、平気で初対面の相手にまで聞いたりする。中国人にとってそれは、親しさのあらわれであり、聞かれた相手が日本人であった場合、日本人が不快な思いをするなど、少しも思い浮かばないのだ。

また、中国のテレビ番組では、犯罪者や容疑者の顔や声を、モザイクといった加工を施さずにそのまま流している。テレビ関係者にとって、これが人権侵害やプライバシーの侵害につながるという発想はゼロなのである。

中国を訪れた日本人、あるいは在日中国人とつき合いのある日本人には、中国人のこういったところが許しがたい部分かもしれない。本ケースで紹介したように、中国人がよかれと思ってしたことが、日本人に不快の念を抱かせ、傷つけることにもなる。両者の相互理解が今後、さらに必要になるだろう。

対人関係

8

「自分の都合」が「相手の都合」

（Wさん、日本人、女性、七二歳、退職医師）

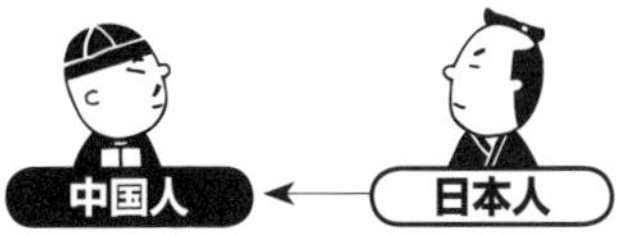

中国では五年ほど生活をしていました。中国人って、親切なんだけど、相手への配慮がゼロですよね。その点は、はっきりいってストレスがたまりました。

すごく仲良しの中国人の友達が何人かできたんです。あれこれとても親切にしてくれるので、助けてもらった部分はありますが、でも、ある時期から私の行動をいちいちコントロールするようになってきて……。たとえば、二人でどこかへ行こうと計画を立てますよね。そのとき、相手の知らないところや行きたくない場所だと、絶対にノー。私の意向が

通ることはありません。

　私も最初は、現地の人の言うとおりにしたほうがいいかと思って、ある程度素直に従っていました。それで、人間関係もうまくいっていたんですよね。

　だけど、いつしか中国人の友人の言うことを聞くのが、まるで当たり前のようになってしまって……。何を食べるかも、どこへ行くかも、それはダメ、こっちにしなさいとすべてを支配しようとするんです。

　私には私の生活パターンもあるのに、それをいっさい無視するようなことまでされて。休日なんかは朝寝坊して、ゆっくりしていたいわけです。それなのに、約束もなしに、朝早くから遊びに来ちゃうんです。しかも、ダンナさんもお子さんも連れて。まあ、ごはんを持ってきてくれたりと、家族同様に親切にしてくれるので、一概に拒否もできませんが。

　とにかく、相手の都合ってものを考えないのが中国人だと言えると思います。

◉――「親切の押し売り」にも限度がある

Wさんが閉口した、休みの日に突然家に押しかけるなどの行動は、今では中国の農村社会でしか見られない光景だろう。さすがに、都市部に住む人間は、それなりに意識も近代化されており、相手の都合を尊重するようになってきている。都市部に住むWさんの友人がそういったことをしたのは、中国人の特性というより、その人個人の資質によるものが大きいかもしれない。ただし、中国人全般に関して言えば、他人の意見と権利の尊重についての意識は、まだまだ低いものがある。

相手を喜ばせたい、きっと淋しがっているだろうから慰めたい……という親切な目的によるにもかかわらず、それを相手が受けとめる気があるかどうか、先方の都合がいいかどうかを考えないから、「親切の押し売り」になってしまい、Wさんのようにストレスの種にもなってしまう。しかし、誰かにストレスを感じさせるという点では、日本人にも問題がないとは言えない。

今回の取材で、ある人物から次のような話を聞いた。

「主任教授の紹介により、アメリカからの女子留学生が日本人の家でホームステイしたんです。

この家のご主人は、毎晩、彼女を駅まで迎えに行き、奥さんは栄養のバランスを考えて、毎日彼女にだけ特別メニューをつくる。一家はできる限りの心づくしをしていたわけです。ところが、彼女にはこれがストレスの種になっていきました。

とうとう、悩みから神経科に通うまでになってしまい、最終的にはこの家から出ることにしたのです。

しかし、一家は彼女がなぜ引っ越したのかがよくわからなくて、自分たちの気配りや親切が足りなかったのかと後悔しているといいます」

このアメリカ人留学生に対する日本人の「過親切」は、Wさんの話に出てきた中国人の例とかなり似た部分があるだろう。中国人は確かに、相手の都合を考えないおせっかいだが、日本人も相手のことを気遣いすぎて、それが相手の悩みの種となっていることに気づかないときがあるのだ。

ただし、日本人の場合は、常に相手の意見を尊重すること、謙虚に振る舞うことで親切な気持ちを示そうという部分で、中国人と大きく異なる。

中国人から見れば、世界一と称される日本式サービスも、この「他人本位」の行動様式がベースになっていると思われる。

たとえば、電車が到着すると、「○番ホームに電車が入りますからご注意ください。今度の電車は各駅停車、○○方面行き、三ドア、八両編成です。白線の後ろに下がってお待ちください」とのアナウンスが流れ、その上、電子掲示板にこれらの情報が表示される。なぜ車両編成とドア数までアナウンスするかというと、八両編成と一〇両編成の電車ではその停車位置も、ドアの位置も異なるからだ。この情報を伝えないことには、利用者の立場に立った「他人本位」のサービスは完結しないのである。

これは一例に過ぎないが、このような雰囲気に慣れた日本人が中国に来ると、サービスのひどさにクレームをつけたくなるのも仕方のない話だろう。社会体制の違いもあるにせよ、日本と中国のサービスの差は、文化や伝統の影響も否定できないからだ。

適度な親切は相手に親しみと喜びをもたらす。だが、度が過ぎると、ある種の負担をかけることになってしまう。さらに、親切のお返しのことも考えなくてはならなくなる。自分のしていることが、「親切の押し売り」になっていないとも断言できない。だからこそ、日本人は互いに過度な接触を避け、淡白な人間関係を保とうとするのだろうか。多くの中国人にとっては、いまだ想像もつかないことである。

対人関係

9

ニセの診断書を依頼された夫の選択は……

（Hさん、中国人、女性、二四歳）

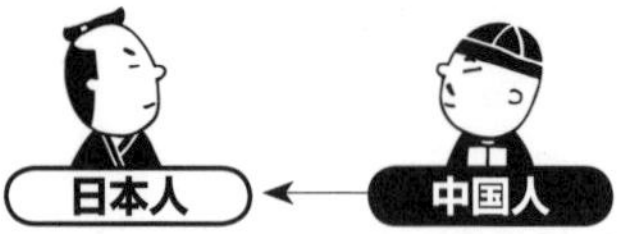

主人は日本人です。接骨院の院長をしており、とても優しい男性。私の中国人の友人が引っ越しをするとか、身元保証人を探しているとか、そういったときにも、本当に親身になって助力してくれる人です。

でも、主人は筋の通らないことには決して手を貸さない、頑固な面もあるんです。

以前、日本語学校に通っている私の友人の一人が、学校をサボって、とうとう出席日数が足りなくなってしまったことがありました。学校の出席率が悪いと、ビザ更新のとき、

次回の在留許可期限が短縮されたり、最悪、更新を拒否されたりするんですよね。その友人も、遊ぶために学校をサボったわけじゃないんです。学校のレベルが低くて、それなら図書館で一人で勉強したほうがいいと思ったみたいで……。あとはまあ、アルバイトもしていたみたいですが。

それで、ウチの主人に、骨折したため学校に通えなかったという、ニセの診断書をつくってほしいと泣きついてきました。

主人は、「自分は病院の名誉を守るべき立場なので、そんなことは絶対にできない」と断りました。私は友人の前でメンツを失いましたが、主人の考え方は立派なものだと尊敬しています。

●――コネが平気で横行する中国社会の実態

「中国人の嫁をもらうと、次々と頼み事が持ち込まれる。自分たちの生活だってまだ安定していないのに、中国の実家や、日本にいる親戚や友人から山のような頼み事をされるんだから、困ったもんだよ」中国人と結婚している日本人の多くがもらす感想だ。

中国には「家を出たら、友人に頼る」との言い伝えもあるほどで、何かあれば友人に助けを求めていく。「友人だから、何でも助けてくれる」と思って、不正なことまで友人に頼む場合もある。Hさんの話に出てきた診断書の偽造の依頼も、その例にもれないだろう。

そして、その依頼の際には、「メンツ」が大きな意味を持ってくる。中国で「メンツ」と言うとき、さまざまな意味合いがあるが、ここで言うのは、「親しい人に何らかの力がある場合、知人である自分もその力を使わせてもらう」ということだ。日本で言えば、「コネ」にあたるだろう。

たとえば、交通違反でつかまったAさんが、警察の上層部に友人がいたおかげで罰せられなかった。これを称して、「Aさんにメンツがある（＝Aさんはコネを使った）」と言うわけだ。

Hさんの話もこの類のものである。この友人がHさんに診断書の偽造を頼んだのは、Hさんがメンツを立ててくれると思ったからだ。Hさんがそれを承諾し、ご主人に診断書の作成を頼むのは、友人のメンツを立てるからだ。ところが、このような不正は日本人の夫の前で通用せず、ご主人はメンツを立ててくれなかったのである。

日本にもコネや口利きのようなものがあるが、中国ほどそれベッタリというわけではないし、メンツの意識も中国ほど強くない。私たち中国人から見て、日本人が重んじるのはメンツよりも名誉だろう。

名誉を重んじる日本人は、他人に迷惑をかけるべきではないとの意識も強く、軽々に人に何かを頼んだりはしない。そのため、中国人がメンツ（コネ）を利用して、気軽な気持ちで日本人に何か頼み事をすると、ひどくショックを受けると筆者は考えている。ましてや、それが法に触れるような頼み事であったら、その件はほぼ一〇〇％断られるだろうし、その後のつき合いも途絶える可能性が高いと考えて間違いない。

日本語学校の話をすれば、筆者の知っている限り、日本語学校のほとんどは生徒の出席率を重視し、無断欠席者に目を光らせている。日本に来て間もない中国人の中には、この例のように、コネを使ってニセの診断書をつくるなどの手口でごまかそうとしたりする人もいる。これは今、中国でも大いに批判されている。まして日本で相手にされるはずがない。異文化間のコミュニケーションがますます盛んになる今日では、正しいルールを中国人だって遵守すべきなのである。

対人関係

10

ベンツの新車で事故っても文句ゼロとは！

（Lさん、在日中国人留学生、男性、二八歳）

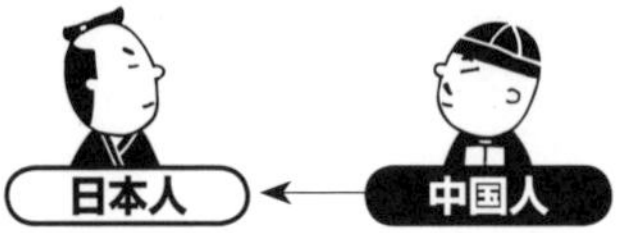

日本人は本当に喧嘩が下手ですね。この前、ドライブをしていて、日本人の車とぶつかってしまったんです。私の車はホンダの中古車、それに対して向こうはベンツの新車。責任は向こうにあるけれど、大喧嘩になるのだろうな、と内心ビクビクでした。まあ、何か言われたら、こちらも猛反撃する準備はできていたんですけどね。

ところが、相手は何ひとつ文句を言わずに、私の運転免許証を見て、電話番号を控え、「運が悪いなあ、買ったばかりの新車なのに」とぼやいて去っていきました。奥さんも子供も車に乗ったまま降りようともしなかったのです。

中国だと、こんなことがあったら大喧嘩になるに間違いありません。殴り合いになっても仕方がないと覚悟していたのに……。日本人って本当に不思議ですよ。

自己主張のためには喧嘩も辞さず

中国語には「口才」という言葉がある。これは、文字どおり「しゃべる（議論をする）才能」の意味で、しゃべり上手はある種の才がある人間と認められているのだ。さらに、「理は弁ぜずには明らかにならず（真理越弁越明）」といった言葉もあり、議論のできる人は「雄弁家」と称される。

しかし、議論そのものは悪いことではないが、議論好きな人は往々にして自分が正しいことをどうやっても証明したがる「ビョーキ」を持っているようだ。時にそれが喧嘩好きとなり、理屈っぽくなってしまうのである。

このためか、互いに自分が正しいと主張し、大声をあげたり、果てはののしり合っている中国人の姿も珍しいものではない。日本でも喧嘩がないわけはないが、筆者が日本を訪れた際に見る限り、街頭で喧嘩している人はごくまれだ。トラブルへの対応法も、中国人と日本人ではかなり違いがある。

たとえば、レストランで食事をしていて、料理やサービスに不満があったとしよう。中国人なら、すぐに支配人を呼ぶなりして抗議をし、その場で問題を解決しようとする。店側と言い争いになることだって、もちろんある。しかし、そこで問題が解決されたら、また次回、その店で食事をとることもあり得る。一方、日本人の場合、その場でクレームをつけることはしないが、その店に二度と足を運ぶことはないだろう。

日本人が問題解決の手段として「回避」を選択する傾向がある、との調査結果もある。では、なぜ日本人は自らの主張を曲げた形での解決策を取るのだろうか。中国人である筆者に言わせれば、そこにあるのは、人間関係を悪化させたくないという気持ちだ。日本人は、人間関係の悪化を恐れるあまり、自分自身を殺して、他人と直接対決することを避ける傾向が顕著なのだ。さらに言えば、日本人は口下手で、議論に弱くもある。

筆者が取材した中国人の中には、もし中国人が日本人と喧嘩をしたら、八割の確率で中国人が勝つだろうと語る人もいた。これは当たっているかもしれないが、それほど誇りにできることではないだろう。

中国人の喧嘩好きは、よく言えば、自己主張が強いということになるが、悪く言えば、教養が足りないということでもあるのだ。「一日三省我が身」という孔子の言葉は、今日でも、中国人にとって深い意味を持つ教えである。三回といわず、一日に一回だけでも自分が相手に迷惑をかけなかったかどうかを考え、相手の立場を慮れば、人と争うことも少なくなるに違いない。中国人は全般に、この意識が欠けている。これは、日本人をはじめ、世界の多くの国の人々とつき合っていく上で、ぜひ改めるべきことである。

自分のせいで周囲に迷惑をかけた場合、心を込めて謝り、勇気をもって責任を負う。これは個人の誠意や教養の問題だけでなく、社会全体の文明度の高さとも関係してくることなのだ。

生活習慣

11

おばけみたいな白菜じゃビジネスにならないのに

（Gさん、長年中国との貿易に従事し、北京の○○飯店に事務所を設けている日本人ビジネスマン、五八歳）

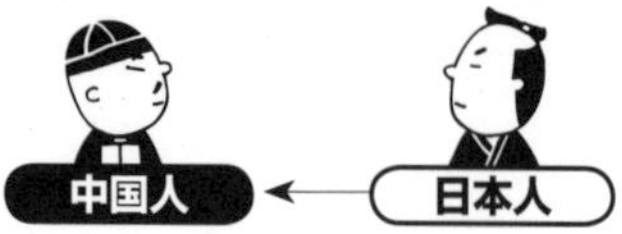

一九九六年、河北省のある県と白菜購入の契約を結びました。契約書には購入の数量、価格、包装運輸等の条件を定め、白菜一個あたりの重さは四キロ程度と一筆入れたのです。

白菜収穫の時期になり、私は産地へ行って品のチェックをしました。白菜は大きく育ち、ほとんどが五キロを超える重さのものばかり。なかには、一五キロ近くあるものもありました。さらに、日本人が想像する緑色と白色の白菜ではなく、全体にとても白っぽい感じです。しかし、農家の人たちはうれしそうな顔で話しかけてきます。

「今年は豊作で、どれも大きくていい白菜ができましたよ」

私はこう答えました。

「この白菜を買うわけにはいきませんね。どれも契約書にあった四キロという重量をオーバーしているじゃないですか」相手も色をなして反論してきます。

「二〇キロある白菜を七キロの値段で売るって言っているんですよ。あなたは得するはずだ。それでいいじゃないですか」。

私は、「ダメダメ。契約書には四キロと決めてあるんです。この白菜は契約に基づいていないんだから買い取れません」と頑張りました。

白菜農家の人には、私がなぜこの白菜を買わないのか理解できないようです。中国では、大きければ大きいほど白菜の価値は増します。しかし、日本の消費者にとっては、適正サイズがあり、あまりに大きいものはかえって売れません。

あれから、私は契約を結ぶ際に白菜一個あたりの重量のほか、成熟度も詳しく注文を出すようになりました。さらに、「白菜」という言葉を使わず、「三色菜」と言うようにしています。製品に対する要求をはっきりしたことにより、農民たちは私の言うことが理解できるようになり、ビジネスでのトラブルは二度と発生しなくなりました。

◉――大きければ大きいほどいいのが中国人の発想

白菜は中国では「大白菜」と言う。「大」と「白」がポイントで、白菜を買うときは大きくて白く、ずっしりとしたものを選びがちだ。ほかの野菜、食べ物に関しても同様で、これは実利主義とも言えるものだろう。

それに対し、日本人は、適度なサイズで形のきれいなものを選ぶ傾向がある。白菜で言えば、大きすぎるもの、重すぎるもの、軽すぎるものはよくない。そして、外側は青、中身は白、芯は黄色のものが日本人には好まれる。日本のスーパーでは、白菜は丸ごとではなく、二等分か四等分に切ってラップして並べられている。青、白、黄色と、中国人から見ても実に可愛らしい。まさに「三色菜」である。白菜は、白ばかりでなく三色にしないと、売れないようだ。この点が中国人はよくわからないため、日本とのビジネスはいろいろと難しいと思いがちである。

こうしたビジネス上のトラブルは未然に防ぐことができる。ただその前提として、契約当初に十分に説明することと、中国側が日本の生活習慣を理解することが必要になる。

生活習慣

12

刺身が食べられないとダメですか？

（Aさん、中国人留学生、男性、二六歳）

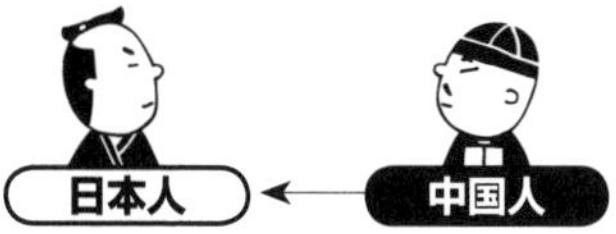

中国内陸部出身の私は、現在、Ｌ社の社員寮で生活をしています。来日したばかりのある日、他の研修に来ている中国人と一緒に、Ｌ社の主催した歓迎パーティに招待されました。パーティの会場は日本料亭。Ｌ社の社長もわざわざ時間をさいて出席してくれました。

テーブルには刺身やお寿司、天ぷらなど高そうな料理がいっぱい並んでいます。でも、私は生ものを食べられず、天ぷらしか箸をつけなかったのです。出席していた日本人はみな不愉快そうな様子を見せていました。

…私の行為はいけないことだったんでしょうか。

◉——文化的、歴史的背景が最もよくあらわれるのが「食」

中国にも、日本にも「郷に入れば郷に従え」という格言がある。異郷に入れば、そこの風俗習慣や生活様式を知り、なるべく適応するようにすべきだとの教えだ。しかし、中国人にとってはこの言葉を実践することはなかなか難しいのである。

中国人の中には、中華料理こそ世界一と思い込んでいる者もいる。自国の料理を誇りに思うこと自体は悪いことではないが、「食わず嫌い」のまま、他の国の料理を否定する姿勢は傲慢だと言えよう。日本で生活する中国人が、生水を飲み、生物を食べるという日本の習慣に慣れる努力をせず、宴会の席上などで日本料理を拒否してホスト側を困らせる事例も少なくないようだ。

民族の生活習慣は、その民族の生活環境に適応した結果から生まれており、それなりの合理性がある。中国人、特に漢民族の人は、小さいときから生水を飲んではいけない、魚や肉類を生のままで食べてはいけないと言われてきている。これは、中国の気候と関係しているのだ。というのも、生のままで飲んだらお腹を壊しやすい井戸水を飲み水としていたからである。魚を生で食べないのも、昔、内陸部で暮らす人々は、新鮮な魚が手に入らず、加工した魚を食べる習慣があったためである。こういう事情があって、中国人の大半は魚も水も生のまま口にする習慣がない。

Aさんが、来日前に日本の生活習慣についてもっと詳しく調べていれば、また異文化の中で、新しい物事にチャンレジするポジティブな志向を持てば、ホストを困らせることはなかったに違いない。その意味で、Aさんにも問題はある。だが、こういう文化的・歴史的背景があることを今後、多くの日本の人にもわかっていただければ、中国人との関係もよりスムーズなものになるのではないだろうか。

もし、日本人であるあなたが、刺身を前にして戸惑っている中国人を目にしたら、こう言ってみてはいかがだろう。

「刺身にするのはすごく新鮮な魚で、わさびをつけて食べれば、くさみも消えて、おいしいですよ。挑戦してみてはどうでしょう」

もしAさんにそう言ってくれる人がいたなら、その場で刺身を味わってみて、大好物になったかもしれないのだ。

生活習慣

13

食事に招かれたときの不思議なルール

（Uさん、日本人女性、五五歳）

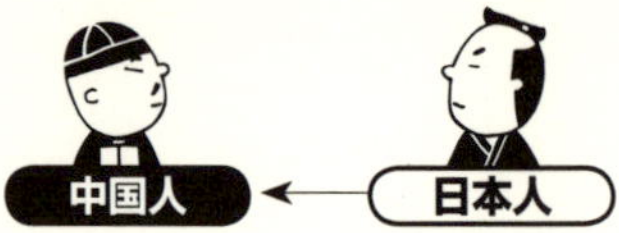

私の夫は、中国のある劇団の日本公演の際に同時通訳をしました。それがきっかけで、その劇団の方とも親しくおつき合いをするようになったんです。

劇団が中国で合同公演をするとき、私も妻として中国に同行しました。公演は一ヵ月にも及ぶ長いものだったもので。

そこでいろいろとおもてなしを受けたのですが、一言で言えば、中国の方はもてなし上手ですよね。そして、もてなしは常にファミリーで行う印象がありますね。たとえば、私が、Aさんに招待されたら、そこにはAさん夫婦、Aさんの両親、弟夫婦が同席するというふうに、一族で迎えてくれる感じです。

中華料理は種類がたくさんあるから、大勢で食べたほうがおいしいって、彼らはよく言いますよね。出てくるお料理ももう山盛りで。

私たち日本人はお料理を残すのはもったいないという感覚が強いので、レストランで接待されたときなどは、お腹いっぱいになりながらも全部お料理を平らげました。もちろん、せっかくお招きいただいて、お料理を残すのも失礼だからという気持ちもあります。

ところが、私たちがお腹がパンパンでふうふう言っているそばから、接待側の中国人はまたお料理をオーダーするんですよ。またもテーブルはご馳走でいっぱいに……。

実は、あとから知ったことなのですが、中国では、お招きを受けたら、わざと食べ残すのが礼儀だということです。それが、ご馳走があまりにたくさんなので、もう食べきれませんよ、というメッセージなんですね。

◉――客へのもてなしが高じて仕事を失った中国人

二〇〇〇年二月八日付の『北京晩報』に面白い記事が載っていた。客人をもてなしすぎて、仕事を失った中国人の話である。なんでも、その中国人は取引相手の外国人を歓待し、それが度を過ぎて（もちろん、中国人にとってはごく当たり前のことだったのだが）、相手の怒りをかったという。接待相手の外国人はこう語っている。

「私は彼とのビジネスの約束はすべて白紙に戻す。というのも、彼のせいで、私は人生最大の失態を演じるはめになったからだ。『もういい、次の約束があるから帰してくれ』という私の言葉を聞かず、その中国人は私を宴から解放してくれず、結局、私は次の打ち合わせに二時間も遅刻してしまった。これまで時間厳守を信条とし、決して時間に遅れることはなかったのに……。相手の事情を無視した、このような人を今後ビジネスパートナーとすることはできない」

ことほどさように、中国人のもてなしは熱がこもったものなのである。それは確かにあたたかく、心のこもったものではあるが、度を越すことも多く、時として異文化の人には理解されないこともあるのだ。

たとえば、何度も乾杯をしたり、お酒を無理にすすめたり、料理を皿に山盛りに取ってあげたり、ジャンケンをして大騒ぎをしたり……。賑やかであればあるほどいいと中国人は思いがちだが、他の人から見たら、うるさすぎて、デリカシーに欠けると言わざるを得ない。

一方、中国人から見れば、日本人は、相手の意向を尊重し、様式美を重んじる民族である。中国人の多くが、日本人のもてなしを「華はあるが実はない」と語っているが、これはひらたく言えば、日本人は誠意に欠け、けちくさいということだ。日本人は日本人で、中国人の食への異常なこだわりや、もてなしに無駄な神経や時間をかけることが理解しがたいと感じているのだから、この二つの民族は、ことをもてなしに関して深い溝を持つのだろう。

その二国間の意識の違いが思わぬトラブルを引き起こすこともある。

肉親を捜すために来日した中国残留孤児の中には、経済大国日本のわりには、出てくる食事が粗末すぎると不満を持つ者もいる。中国でこんな料理を客人に出したら、喧嘩になっても仕方がない、と言うのだ。しかし、日本側にすれば、中国残留孤児一団の滞在中の費用は、すべて限られた国の予算から出ているもので、そこでやりくりをしなければならない。それに、そもそもクレームをつけられるほど、ひどい食事を出しているわけはない、との意識がある。

どちらに悪気があるわけではなく、まさに意識の違いとしか言いようがないことだろう。

中国人がなぜこれほどまでに、招待の場での食事を大事にするのか。

もともと中国には竈の神様（竈王爺＝ツォワンイェ）を一家の吉凶禍福を司る神と見なす伝統がある。さらに、現在でも事実上、多くの重要な交渉が食卓で行われている。中国では、「食」の共有は、人間関係の確立・維持にとって重要な意味を持つ行為なのだ。

中国人は人を食事に招待することによって、自らの好意を示し、相手との親密な間柄を確認する。「食」は、いわば信頼関係を取り結ぶ手段なのだ、しかもとても重要な。

中国人はビジネスをする際、まず相手と信頼関係があるかどうかを考える。なければ、なんとかして信頼関係をつくろうとする。だからこそ、中国では食事の場を共にしないとビジネスは進まない雰囲気が漂い、それが、残念なことに腐敗の根源にもなっている。

生活習慣

14

知らない間に売買されていたわが家の収入証明書

（Iさん、日本人、女性、五〇歳、旅行代理店に勤務して二〇年のベテラン）

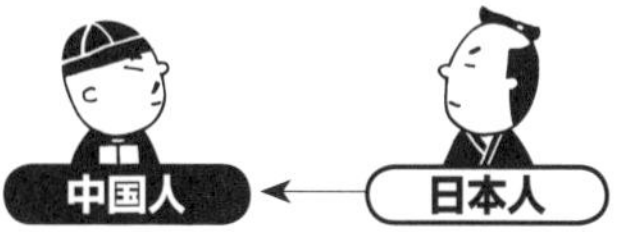

本当に友達になったら、互いにあれこれ親身になりますよね。それは、中国人だって日本人だって同じことだと思います。ただ、中国人の場合、日本人の私から見ると親しくなるスピードがびっくりするほど速いんです。会ったとたんに心を開き、友達だと思ってしまう。中国人同士はそういうことが多いみたいで、だから、中国の人から見たら、日本人は心を閉ざしがちで冷たいと映るのかもしれません。

それから、中国の人って、友達であれば結構気軽に頼み事をしがちですね。頼まれたほ

うも、それほど大変には思わないみたいだし。

私は仕事柄もあって、中国に行く機会もそれなりにあります。そこで知り合った中国人と軽い気持ちでアドレス交換をして、大変な目にあったことがあるんですよ、しかも何度も。

自宅に、見も知らない中国人が突然やってきて言うんです。

「○○さんから、あなたのことを聞きました。私は、中国からやってきたばかりで、仕事も家もありません。探してくれませんか」もう非常識でしょ。

こんなことを言われたこともあります。

「この近くにはマンションがいっぱいありますよね。見たところ、部屋もたくさん空いているようです。私をぜひそこに住まわせてください」

日本人からしたら、無茶な相談ですよね。しかも初対面の相手にする話ではありません。

私が、「日本では、部屋が空いていてもそこに勝手に住むことはできないんです」といくら説明してもわかってくれない。おかしい、今誰も住んでいないじゃないか。あなたはここに住んでいて、力があるはずなのに、なぜ空いているところに私を入れてくれないのか……。それが彼らの主張です。かつての中国では、力のある人のコネがあれば、アパートの部屋が空いている限り、無条件で入居できたんでしょうね。まあ、今ではそのあたりの事情を、中国の人も理解してくれるようになりましたが。

そうそう、二〇年前には、もっとすごいことを経験しました。

私が以前、中国のD市に留学していたときに知り合った中国人の学生さんが、急にわが家に電話をかけてきたんです。そのとき、私は旅行中で家にいなくて、電話を受けたのはウチの主人。その学生が言うには、「自分は来日したいと思っている。ついては、身元保証人になってもらいたいので、収入証明書などを送ってください」。主人はわけがわからないまま、とにかく私の知人ということもあって、書類一式を中国に送っちゃったんです。

それから一年以上してから、私たち夫婦は突然、警察から呼び出しをくらいました。なんでも、中国各地でウチの主人の身元保証書や収入証明書が売られていて、それを買って来日手続きに使っている中国人がいるとか。あの頃は、審査もまだゆるやかで、書類がコピーでもよかったようですね。警察では、私が中国人と結託をして、ただ同然の紙切れを中国各地で高い値段で売っているのではないかと疑いをかけたというわけです。

もう、本当にびっくりしました。善意で送った書類が、そんなことに使われるなんて……。もちろん、わが家では一銭ももらっていません。そのときにかかってきた電話だって、コレクトコールだったんですよ。
そのあたりの事情をすべて話して、警察の人もわかってくれましたが、あんなイヤな思いは二度としたくありませんね。

◉──よくも悪くも「友達の友達は友達」が中国人の発想

日本人と比べると、中国人は、相手とすぐに友達になり、信頼し合う傾向がある。頼り頼られの関係が、すぐに成立してしまうのだ。そして、友達の友達は友達、ということで、ネットワークはどんどん広がっていく。自分が誰かに助けてほしいときに、救いの手はたくさんあるというわけだ。

その一方、困った事態に連座させられることもある。とりわけ、知人、友人の多い人は、よきにつけ悪しきにつけ、他人の行為がわが身にかえってくることが多いと言えよう。

このIさんのケースに出てきた、書類を売るような事件は、友達を侮辱することであり、犯罪行為にほかならない。中国人の中でもかなり特殊でひどい話であるが、中国人の「友達だから、何でも頼む」という発想に近いとも言える。

生活習慣

15

久々の帰省で感じた祖国の人々との乖離

（Bさん、在日中国人、男性、四五歳）

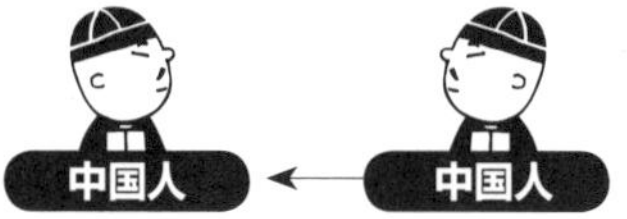
中国人
中国人

日本で長年生活している私ですが、一九九九年に一度中国に戻りました。久々の帰省で、地元の人々のあたたかい出迎えや故郷の懐かしい風景に胸を熱くしたものです。

だけど、イヤな思いもしましたね。日本で暮らしているというだけで、私のことをお金持ちだと思う人が多くて。

日本ニ住ンデレバ オ金持チニ
決マッテル
オ金持チハ
何デモクレル

「そのカメラ、置いていってくれないか」「日本製のバイクを一台買ってくれないか」と友達からもいろいろ要求されたんですよ。
党の幹部も親切に迎えてくれましたが、村の工場に投資して、故郷の発展のために貢献してくれないかと、暗に要求されたりしました。

・・・・・・・・・・・・・

出世したら、親戚一同を援助するのは当たり前

血縁と地縁は中国において強い力を持っている。特に、農村部ほどその傾向が顕著だと言えるだろう。長い間故郷を離れていた人でも、決してよそ者扱いされず、いつ帰ってきても地元の一員としてあたたかく迎えられる。

Bさんは長年先進国の日本で生活しているので、今回の帰省はまさに「故郷に錦を飾る」感じだろう。地元出身のBさんが、立派になって戻ってきた、その「成功」は一族の誇りとなっている。だからこそ、地元の人はさまざまな要求をしたり、援助を求めたりしているのだ。

中国の農村社会では、親戚や友人はある種ファミリーのような存在で、相互扶助を提唱

されている。高い地位にある者が、自分より低い地位にある者を助けることは、一つの義務なのである。これは中国ではごくごく当たり前の話だ。言葉を換えれば、上の立場の者が下の者に便宜をはかることはその地位の象徴であり、下位者は援助を受けて当然と考えられている。

日本の場合はどうだろうか。筆者が話を聞く限り、たとえ立身出世を遂げて地元に戻ってきても、それほど熱狂的に迎えられることはない。他方、人々から援助をねだられることも少ないに違いない。

Bさんは日本での生活が長いので、故郷・中国のやり方についていけないものを感じたのだろう。村人の熱烈歓迎をうれしく思う一方、援助のおねだりにはショックを受けた。これはまさにコインの裏と表。片面を得たら、もう片面をも受けとめざるを得ないのだ。

生活習慣

16

中国残留孤児二世の私に日本社会は冷たい

（Gさん、帰国者、男性、五〇歳）

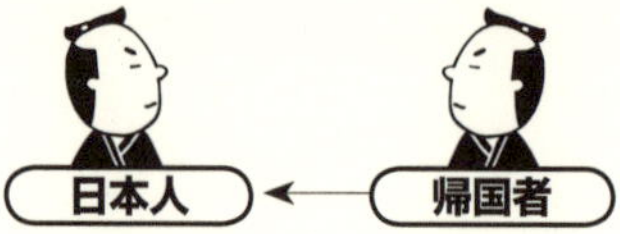

私はいわゆる中国残留孤児の子供です。私のような人間は、日本では「帰国者」と呼ばれています。祖国に帰ってきてめでたしめでたし、と思う人もいるでしょうが、私に言わせれば、日本に来ても母国に戻ったという安堵感はありません。留学など、他の事情で日本にやってきた人のほうが、期待もない分、失望もないのではと羨ましいくらいです。

私だって、来日前にはいろいろと夢を抱いていました。日本政府が面倒を見てくれるだろうとか、日本の親戚がアレコレ親身になってくれるだろうとか……。でも、すべて甘い期待でした。

日本に来て一〇年になりますが、私はいまだにこの国のことをどうしても好きになれません。最もイヤなのが、弱い者いじめ。帰国者のほとんどは、来日早々のいじめを経験しているんじゃないでしょうか。無論、中国にも、いじめはありますよ。だけど、そういうときは必ず誰かが救いの手を差し伸べます。私だって、そうしてきました。ところが、日本ではそういうことがありませんね。お互い無関心で、誰がいじめられていようと関係ない、見て見ないふりをするんです。

「小日本鬼子（シャオリーベングイズ）、人をいじめるなんて」と母親に訴えたら、「『小日本』だけでいい。お願いだから『鬼子』をつけないで」と言われたことがあります。

日本は母の祖国です。母は二四歳のときに中国に渡り、中国で二〇年以上暮らしました。そして、帰国したわけです。私はいつも、国（中国）に帰りたいと言っていますが、それに対して母は、「日本でそれなりの生活をしているのに、どうして帰ることばかり考えるの」と言うんですよね。「じゃ、お母さんはどうして日本に帰ったの」と聞くと、母は黙ってしまいますが……。私のことをかわいそうに思っているのかもしれません。

私が若い頃に日本に来ていたら、また話は違ったのでしょうね。国を移るならせいぜい二〇歳までがいいところでしょう。二〇歳になる私の娘は、日本が気に入っているようです。でも、私はもう五〇歳。中国で培った価値観があり、日本社会に溶け込むのはもう無理でしょうね。

◉――日本社会が「よそ者」に冷淡な理由は

一九七二年の日中国交正常化以降、戦前および戦中に中国に残留した日本人（いわゆる中国残留孤児）が相次ぎ日本に戻り、肉親探しを続けている。肉親を見つけ、子供や孫を連れて帰国し、日本に定住するようになった者も少なくない。すぐに日本に慣れた帰国者もいれば、Gさんのようになかなか日本社会に溶け込めない人も確かに存在するのだ。これらの人の悩みに、中国人も、そして受け入れ側の日本人ももっと注目すべきであろう。

帰国者の言い分は一致している。つまり、社会構造と人間関係において、「中国と日本は違いすぎる」ということである。

中国社会は情を重んじ、親族であれば無条件に集団（ファミリー）の一員として歓迎する。人と人との相互扶助の精神も強固に保たれ、親しい輪の中で、誰かが困っていれば、みんなで助ける。さらに、人間関係の序列は日本ほど厳格ではない。横に広がったネットのように、上司との関係、同僚との関係、古くからいた者との関係、新しく入った者との関係――すべてが、同質な人間関係で、そこにタテ社会的な差異はない。このような社会では、新参者が集団に溶け込むにはさほど困難がないようだ。また、中国人は、新参者になるべく早く集団に入ってもらうために、さまざまなことを丁寧に教える傾向がある。

そのほか、中国の伝統的な美徳とされる「道で不平にあえば、刀を抜いて助け合う」意識は、影響力は弱まってきたにもかかわらず、今日に至っても人々の行動様式に影響している。いじめにあっている人がいれば、誰かが出てきてかばう。帰国者の大多数は中国で育ち、中国で人生経験を積み、中国文化が血肉となっている。日本社会も同じだろうと想像してやってきて、そのあまりの違いに驚くのである。

日本社会の親族関係は比較的淡白なもので、身内が見つかったとしても中国人ほど熱狂的に迎えることはない。さらに、社会はタテ型序列で構成されており、年齢、地位および集団に入った時間等によって、自らのポジションはほぼ決定されてしまうのだ。まるで、垂直のチェーンのような人間関係で重視されるのは、上下の連携である。

こうした社会構造には、もちろん、利点もあるが、反面、「よそ者」に対しては大きな排他性を持つ。よそ者は独りぼっちで序列の最末端に並ばされ、かなり不利な立場に置かれる。新しい集団に入るには大きな試練に耐えなければならないし、場合によっていじめを受けることすらある。

帰国者の悩みは、日本社会がよそ者に対してオープンでないことにすべて起因しているのだ。筆者は、彼らが一日も早く新しい社会に溶け込めるように、日本社会が両手を広げ、真心を込めて帰国者を受け入れ、物心両面の問題を解決するように呼びかけていきたいと思う。そして、本書の読者に、こうした中国人の悩みや苦しみをほんの少しでもわかっていただければと思う。

よそ者が日本での生活に二度とプレッシャーや悩みを感じないときが来てこそ、日本は初めて国際化社会になったと言えるのだろう。

17 日本人よ、時計に縛られる生活はもうやめよう！

（ある中国人大学生の作文）

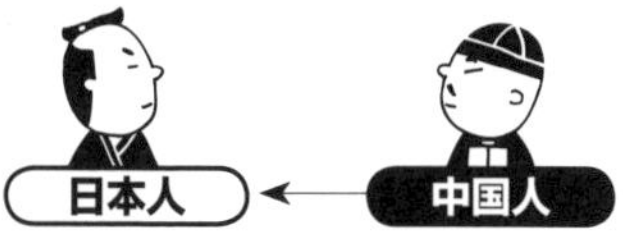

中国人
日本人

日本人って時間に細かいですよねえ。もう世界一じゃないですか。

日本人の友だちと約束をすると、まず、時間が何時何分まで細かく決められ、その時間より五分ぐらい前に待ち合わせの場所につくのがマナーですよね。

もし、何かの用事で遅刻でもしたら、大変な罪を犯したように何度も謝らなければいけません。

時間におくれてしまいました
切腹でケジメを…

でも、中国人の私は日本人のように時間を分で計算することがどうしてもできないんです。結果、日本人の友だちに迷惑をかけてしまうことになってしまって……。

目標である観光通訳ガイド試験が目前に迫ったある日、日本人の友だちと会う約束をしました。バスに乗って待ち合わせ場所へ向かったのですが、道が混んで一〇分ぐらい遅れてしまいました。先に来ているだろうという私の予想に反して、友だちはいません。そこで待つこと二〇分。しかし、彼はあらわれないのです。

どうしたわけかと思って電話をしてみると、「遅れるのだったら電話してくれればよかったのに。来ないのかと思って帰ってきたところだよ」と。その冷たい一言に一瞬耳を疑い、ちょっと頭に来ました。日本人の常識からしたら、もちろん遅れた私が悪いのですが、でも、友だち同士なのにとっとと帰ってしまうなんてあんまりですよね。

日本人よ、余裕を持とうじゃないですか。一〇分、二〇分くらいは気にしない余裕を。

◉——日本人のセカセカに中国人はついていけない！

時間の捉え方は文化によって変わる。そして、その捉え方によって、人と周囲との関係が変わってくる。

競争原理の乏しい社会主義の国、そして、共同社会の特徴を持つ国で生まれ育った中国人は、時間の観念が柔軟である。共同社会（田舎）と利益社会（都会）では時間の流れが異なる。いわゆる生活のテンポが違うというわけだ。

中国人から見ると、日本は生活テンポの速い社会であり、人々は時間をとても大切にしている。「時は金なり」と、大半の日本人は一刻も無駄にしないよう、先を急ぐ。目覚ましの音で起こされ、テレビをつければ分刻みで時間を告げるテロップが流れ、出かける時間が近づいていることを教える。その間、秒の位まで時間をセットできる電子レンジで飲み物や食べ物を温め、朝食を急いで済ませる。時間のないときは朝食抜きで駅まで走る。駅では秒刻みに運行管理されている列車に飛び乗る。目的の駅へ着いたらまた走るように学校や会社へと向かう。

中国人に比べ、日本人の歩くスピードは速い。話すスピードも食事を食べるのも速い。そして、待たされるとすぐいらだつ。腕時計を何度も覗き込む。ここでのケースのように、しまいには帰ってしまう場合もある。人を待たせるような人間は悪い人間であるといった価値観が日本では通っている。

中国と対照的であるだけでなく、他の資本主義国家と比べても、日本は最も生活テンポの速い国であることが、ある研究者の調査によってわかっている。この調査は銀行の時計の正確さ、歩行速度、郵便局での処理速度の三種類を測定し、比較したものだ。その結果、日本はすべてにおいて、調査した六ヵ国の中でトップだったのだ（Levine, R. V. 1988, The pace of life across cultures, In J. E. McGrath(Ed.), The social psychology of time : new perspectives, Newbury park, CA : Sage. 岩田紀著『こころの国際化のために――データを通して見る』北大路書房）。

時間への感覚は、人間関係、コミュニケーションにも影響を与える。

共同社会では人との関係性が重視される。そこでは新たな関係を結ぶには時間がかかるが、いったんその関係が成立すれば長く続く。ゆったりとした時間の流れとともに人間関係が育まれるのである。そして、いかに事を効率よく運ぶかよりも人と人との関わりのほうが重視される。

一方、利益社会では、生活のテンポが速い。多くの人と次から次へと知り合うチャンスはあるが、それだけつき合い方も表面的になりがちである。また、人と関係を結ぶ際、相手が自分にとって役に立つ人物かどうかがまず考慮される傾向がある。もちろん、利益社会の人間関係すべてがそうだと言うわけではないが、都会と田舎を比べると概してこのような違いが見られよう。

時間を厳しく守る社会においては、時間は細かく分断され、その分断された時間を人はそれぞれの活動で埋めていく。時間を各自が管理するよう期待されるのである。だがそうなると、何人かで集まって活動をするといった場合、それぞれの時間の調整が難しくなる。こうなると、おのずと人間関係も希薄なものとなっていくし、コミュニケーションも断片的なものになってしまう。そして、無駄なく物事を達成し、計画的かつ効率のよい生産を得るためには、時計の力を借りて労働者を働かせることが重要となる。労働者一人ひとりのコンディションやそれぞれの事情をいちいち考慮していたのでは、生産性が落ちる。それなら、生産計画に合わせられない労働者を切り捨てていこうという発想だ。労働者のほうは、切り捨てられないよう必死に働く。

時間の感覚は人の価値観や人生観にまで影響を及ぼす。

時間に正確なことを是とする文化で育った人は、そうでない人を「怠け者」「無礼者」と判断してしまいがちである。日本のビジネスマンが中国人と取引をするときに、「中国人は時間を守らない」と漏らす不満にもこうした傾向がうかがえる。だが逆に、ゆったりと時間が流れている文化で育った人は、時間に几帳面なことを、気ぜわしいとか余裕のない押しつけがましいことと捉えるかもしれない。

「相手の時間の感覚を知ることは、相手がどのように物事を捉えているのかを知る鍵となる」（池田理知子等著『異文化コミュニケーション・入門』有斐閣）。

以上見てきたように、生活テンポの特別に速い社会はひずみをもたらすことがある。まず、生活テンポが速くなるにつれて、人々の自己中心的な傾向は助長するだろう。自由競争の社会では効率主義の傾向が顕著になり、競争に勝ち残るため、あるいは金もうけのために、余計なことを切り捨てて、自分のことだけを一生懸命にやる人が増えてくる。次に、労働が過重になりストレスが増大する。最後に、人々が心のゆとりをなくし、視野が狭くなり、大切なことを見落とす。

中国人から見れば、日本人は、スケジュールをこなそうとするあまり、忙しい生活を強いられている一方、時間どおりに始まらず延々と続く会議や、仕事の延長とみなされるアフターファイブのつき合いなどにも縛られている。「余裕を持つ」ということは、価値観の変化よりも時間を合理的に使うことからスタートすべきであろう。

モラル

18 日本の習慣を無視している人に部屋は貸せません！

（二〇〇一年三月一四日付『読売新聞』より）

アパートを探す際の日本人の対応が冷たいという投書に対し、アパート経営者の吉田実氏が同じ新聞紙『読売新聞』に投書し、次のように反論している。以下、一部を要約して転載してみよう。

「……いくら注意をしても、畳の上にブーツで上がり込む人、次に住む人を勝手に決めてしまう人がいた。ある人は、私の家の傘を無断で持ち出してなくしてお

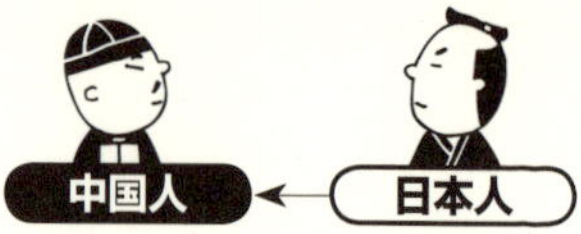

きながら、『買って返せば文句ないだろう』と食ってかかってきた。
日本の習慣を説明しても、『自分の国ではこうしていた』と言って、聞き入れようとしないことが多い。
日本の習慣を無視するような人たちには、だれだって貸すことをためらうのではないでしょうか」。

「日本との折り合い」が在日中国人の「住宅問題」解決の糸口

読者の皆さんもご存じのとおり、在日外国人の「部屋探し問題」は、依然深刻なものがある。一九九九年一〇月三〇日より一一月一九日まで、在日外国人団体の東京エイリアンアイズは七八名の留学生に対して調査を行った。その調査（複数回答）では、四六%の人が部屋探しで断られた経験を持つ。「私の身元保証人はある大学の名誉教授にもかかわらず、定年で退職したから保証人としては認められないと、不動産屋さんがアパートを貸してくれなかった」と二六歳の中国人男性が訴える。また、三二歳の中国人女性は、「外国人だから信頼されないんです」と語る。

一方、貸す側にも言い分はあるのだ。二〇〇〇年、神奈川県県民部国際課が県内九二九一軒の不動産屋に行った外国人の入居問題についての調査によれば、六三・六％の店が外国人入居のためにトラブルが発生したことがあると答えている。

トラブルの内容として、家賃の滞納や未納が五七・七％、友人との同居が四七・七％、夜間の生活騒音が四八・〇％、他人への賃貸が三二・九％、他の入居者とのトラブルが二七・二％、ゴミの捨て方が三四・六％、駐車ルール違反が一一・七％、居住方式改造が一六・四％、下水道のつまりが一九・一％、立ち退き後の部屋の汚れが三七・六％、無断立ち退きが二七・九％、という内訳になっている（二〇〇〇年六月一五日付『留学生新聞』より）。

外国人の中でも、とりわけ中国人が「住宅問題」で嫌われるのは特殊な事情がある。具体的には、中華料理がにおうこと、キッチンが油っぽくなること、貸し主の同意なしに人を部屋に同居させることなどだ。

中国人からすれば、物価の高い日本で住宅を借りることは、大きな出費であり、友人たちの同居を拒否できないという内輪の問題もある。前述したように、中国では仲間同士は互いに助け合うという規範があるからだ。たとえ契約上のルール違反となっても、仲間は助けたい。しかし、そのためにせっかく借りた部屋を、家主から追い出されてしまうケースだってあるのだ。

ルール不遵守は確かに、中国人の欠点の一つである。たとえば、「芝生には入らないように」との札が立っている公園の芝生を踏みつけたり、「NO SMOKING」と書いてある場所でも、平気でタバコを吸い続けたり、「NO PARKING」だけでは不法駐車を阻止できないため、「違反者は罰金××元」とつけ加えることが当たり前となっていたり……。

乱暴に言ってしまえば、中国はまだ成熟した近代社会ではないのだ。

社会が近代化していく過程においては、人々の行動や意識もそれなりの転換が必要とされる。英国人が信号を守るようになるには一〇〇年間もかかったという。日本だって、ある時期までは村落共同体社会であった。その時代には、今日ほど規則を遵守してはいなかっただろう。

とは言え、筆者は、多くの中国人がルールを守らないことをかばうつもりはない。西洋社会では、規則と法律が神との約束に起源するのに対し、中国人にはこうした意識が乏しいと言わざるを得ないのだ。

確かに中国社会では人情を重んじるが、ルールは軽視される傾向がある。異文化の中で生活する中国人は、この点はよく反省しなければいけない。法社会を築き上げると中国人は唱えているけれど、そういった社会のベースとなるのは制度や規則の遵守である。法社会を築き上げるには、法律や制度、規則を定める一方、守る意識をも培わなければならない。そして、そういう意識は、身のまわりの小さなルールを遵守することからスタートするしかないのである。

在日中国人の「住宅問題」に戻ると、不動産屋、大家、借り主がもっと歩み寄りの精神を持つことで解決の糸口が見つかるのではないだろうか。

借り主の在日中国人は契約書の規定を遵守し、「郷に入れば、郷に従い」、自分たちの特殊な生活習慣で他人に迷惑をかけないようにしようと、筆者はここですすめたい。しかし、いわゆる「住宅問題」は、多くの場合、中国人側だけの問題ではなく、貸し主の日本人の側にも問題があるのではないだろうか。大家は異なる文化的背景を持つ人々の行動や習慣をもう少し寛大に捉える気持ちを持つ。不動産屋は契約書の内容や居住方法を詳しく説明する外国語の説明書をつくり、借り主に注意を与え、大家と借り主とのコミュニケーションを取るための民主的・平和的な雰囲気をつくるように努めることも必要だろう。

「住宅問題」では、日本の保証人制度も、在日外国人の大きなハンディとなっている。中国人の筆者から言わせれば、この制度はズバリ他者への不信感のあらわれではないだろうか。今日の経済大国日本のイメージとはあまりにそぐわないシステムである。筆者はこの制度をなくし、外国人の家賃滞納の場合には、貸し主がそれに相当する補償を得られる制度を政府や自治体がつくるべきだと思っている。話によれば、神奈川県川崎市ではこのような制度がすでに実施されているという。今後、日本の各地でこうした動きが出てくるよう、切に望む次第である。

モラル

19

一番前に並んでいても揚げマンが買えなかった国

（Mさん、日本人、女性、二七歳）

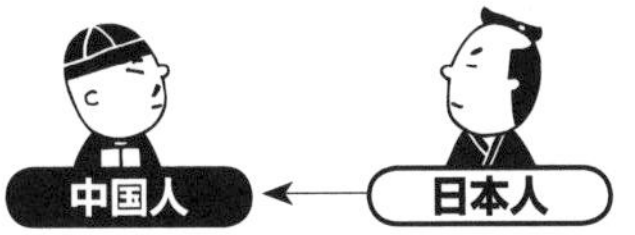
日本人
中国人

仕事の関係で中国駐在の主人と一緒に上海で暮らしてもう二年半になります。

中国では、バス乗り場、郵便局、スーパーのレジなんかで、順番を守って並べない人が多いですね。上海の南京東路で揚げマンを買おうとして、一番前にいたのに一個も買えなかったこともあるんですよ。みんな、割り込んでくるから。

最初は本当に腹が立って、「順番を守って（要排隊！）」といちいち怒っていましたが、ある日、私の並び方にも問題があるんじゃないかって気がつきました。中国では、並んで

その揚げマン
私んだよ!
バーゲンのおばちゃん
精神で行きましょう

いるときは前の人にぴったりくっついている感じですよね。そうしないと、割り込まれてしまうんです。でも、日本人はあまり前の人にぴったりくっつくのは失礼だと思っているから、間をあけて並ぶクセがついていますよね。私は日本流で並んでいたので、隙間に割り込まれてしまったみたいです。

でもそれでいて、知り合いに会えば、中国人は菜館や電車の中でも席の譲り合いをしますよね。あんなに割り込みをする人たちが、って、ちょっと不思議な気もします。

◉─並ぶことができないし、並ぶ気もない中国人

Mさんの話は十数年前の上海でのことだった。今はだんだんよくなってきたが、時々まだそんな場面に出くわすことも事実だ。「中国人は順番を守ることが大変に苦手だ」「並んで待つこと自体への意識が希薄なのだ」と、われわれ中国のマスコミもよく反省している。なぜ中国人が行列する意識が希薄かに関しては、次のケースとともに詳しく説明していこう。

モラル

20

礼儀正しく順番を守る日本人はすごいの一言

（Sさん、中国人、男性、三〇歳、大学教師）

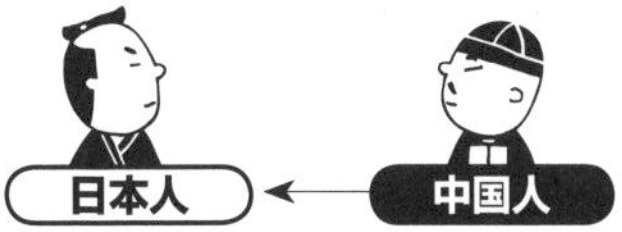

かつて日本で一年間生活していました。日本滞在中、いろいろと印象深いことはあったのですが、なかでも日本人がきちんと順番を守る姿が記憶に残っています。

ある日、銀行の窓口で並んでいたのですが、用紙の記入もれに気がついて私は列を抜けたんです。中国人の習慣だと、特別に断らなければ、そこで行列を放棄することになります。

少しして、私が用紙を記入しているところに、私の後ろに並んでいた男性が来てこう言っ

たのです。

「そろそろ順番が来ますが、いいんですか。列をあけて待っていましたが」

その男性は、私が列に戻るのをずっと待っていてくれたのです！　私は彼に笑みを返しました。日本人の行儀よさ、順番を守る精神に心の中で拍手喝采を贈りながら。

●──我先にと争わなければ生きていけない中国

順番を守ることは秩序であり、規則である。それをどの程度遵守するかで、その国の人間の一つの成熟度も見えてくるだろう。

そして、19と20のケースに出てくるとおり、われわれ中国人はどうも順番を守りたがる民族とは言えないようだ。その理由は大きく二つある。

一つは、そもそも「並ぶこと自体ができない」ことによる。中国人にはそういう習慣がないのだ。たとえば、待っているバスが来たとする。そのとたん、そこにいる皆が前の人間を押しのけて我先にとバスに殺到し、秩序は乱される。中国では、秩序をつくるために、国家が強制的な措置を取らざるを得ないことすらある。具体的に言えば、中国の駅の切符売場に長い鉄の欄干がつくってあることや、そばにいて絶えず大声で注意を与える駅員の存在があげられる。

もう一つは「並ぼうとしない」ことである。つまり、すでに存在している秩序を守ろうとしない。たとえば、皆が並んでいるのに、列の前に知人がいるのを見かけ、後から来た者が割り込んでしまう。知人を見つけたことを利用し、「既存の秩序」を打ち破って、自分の位置を前に繰り上げるのである。

他人と行動をするには、秩序が必要だし、共通のルールを遵守する必要がある。中国は今後ますます国際化し、異文化との接触が増えていくだろう。「割り込む＝ルールを守らない」という行為は、国際化を著しく阻害することでもあるのだ。

ただ、ここで一言、読者にお断りをしておきたい。

19と20を続けて読むと、いかにもすべての中国人は行列を守れず、反対にすべての日本人はルールを遵守すると取られてしまうかもしれない。しかし、読者もよくおわかりのとおり、そんなことはあり得ない。日本人だって、割り込む人はいるし、東京に比べると地方のほうが、「並び下手」という状況もある。順番を守って並ぶ状況は、東京の人口が多すぎることも原因しているだろう。

中国から東京にやってきてまず目につくのが、駅のホームで整列して電車を待っている乗客の姿だ。たとえ二人しかいなくても、じっと並んで電車を待っている。並ぶ人が多いと、きちんと三列になって並んでいく。秩序は乱されない。中国のようにいっせいに電車に乗りこむ場面は、東京ではなかなか見られない。たとえ、列の前方に知り合いがいたとしても、割り込みはせず、ちゃんと列の最後尾に並ぶ。順番を守って並ぶことは、社会的な行為であり、国民の素質の高さのあらわれでもあるのだ。

文化的な面から考察を加えると、並ぶことができないのは、中国人が権威と秩序をあまり尊重せず、既存のルールを打破する国民性に関連づけられる。

一方、並ぼうとしないのは、中国人同士の互助関係の存在から説明できるだろう。割り込む人はほとんどが知人を見つけて割り込むのであり、そこには「おいしいことは分け合う」という相互扶助の暗黙の了解がある。確かに、一生懸命に占領した席を、自分がかけずに知人・友人に譲り合う光景を中国でよく見かける。中国人は他者から資源とチャンスを奪い、それを優先的に自分の知人（ファミリー）集団に与えるのである。

最後に一つ付け加えるならば、人口が多い割にチャンスが少ないといった、客観的な事情も中国には存在する。

長い間、中国は、「乗車難」「看病（病気を見てもらう）難」「入学難」など、争わなければ、いつまで経っても汽車に乗れず、チケットを買えず、病気を見てもらえず、いい学校にも入れない社会であった。東京の人が駅できちんと並んでいるのは、電車が多く、長い時間待たなくてすむという事情だってあるはずだ。もし、一時間に一本しか電車が来ないならば、我先にと電車に乗り込むシーンが日本でも見られるかもしれない。

昨今では、北京のバス停は以前よりも整然としている。バスの本数が増え、たとえこのバスに乗れなくても、次のバスがすぐに来るからと、人々が割り込んでまで乗車する必要がなくなったからだ。

この例が実証するように、行列に関する中国人の悪癖を改めさせるためには、一つには、人々の認識を高め、モラルを向上させ、規則の下での平等意識を強めていかなければならない。規則の遵守は立派なことで、順番を守らないことを恥とする精神を徹底させるのだ。と同時に、バスの本数が増えたように、待つ時間を縮め、イライラせずに順番を待てるような体制をつくっていくことも必要だ。

モラル

21

規則、規則、規則……がんじがらめで融通がきかなすぎ

（Wさん、在日中国人、女性、三二歳、会社員）

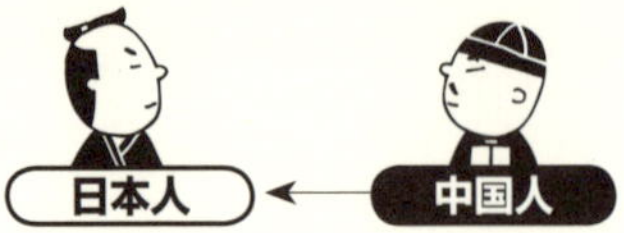

来日してもう一〇年になります。日本人の特徴ですか？　そうですね、規則を守ることに関してはガチガチにかたいってことでしょうか。こんなことがあったんですよ。

数年前、体調が悪くて、その日は仕事を休むことにしたんです。でも、二歳の子供を保育園に連れていかなくてはなりません。保育園の保母さんは、普

段着の私を見てこう尋ねました。「今日は仕事に行かれないんですか」と。

「ええ、今日は調子が悪くて会社を休みます」

私がそう答えると、保母さんはこう言うんです。

「すみません。こちらの決まりで、今日、お子さんを預かることはできません。こちらはご両親ともども働いているお子さんしか預かれないんです」

体調を崩して今日一日、仕事を休むだけ。仕事を辞めたわけではないのに、なぜそんな融通のきかないことを言うのか。私は、ほとほと困ってしまいました。すると、そんな私の様子を見て、保母さんがこう聞いてきてくれました。

「今日は家で仕事をするおつもりですか」

私は「はい、そうです」と話を合わせました。

「では、こちらの決まりで、今日、この子を預かることができます」保母さんがそう言ってくれて、一件落着です。

もう一つ、似たような話があります。それは私の友だちの経験です。彼女には小学校四年生の子供がいます。その小学校でのことです。

彼女の子供の通う小学校では、水泳の授業の際は、書類に保護者のサインと印鑑がなければプールに入れないとの規定があります。去年、彼女は、書類にサインはしたけれど、ついうっかり印鑑を押すのを忘れてしまったことがあるそうです。

そのことに気がついて、彼女はすぐに子供の担任の先生に電話を入れましたが、答えはノー。規則は規則だから、お子さんは今日は泳げません、とのことでした。これが、中国だったら、親が電話を入れさえすればもうそれでOKです。

日本の学校は本当に厳密に規則を守るところですね。子供は友達が泳いでいるのをうらやましげに見ているだけだったそうです。かわいそうなことをしました。

◉──法律や規則を遵守する精神を培うことが中国人の今後の課題

中国人は規則に対して、次のような考え方をする。

「規則は死んだものだが、人間は生きている。生きている人間が死んだ規則に束縛されてはいけない」

このような、いわゆる柔軟な精神こそ、法律や規則の持つ「絶対性」を破壊してしまう。法や規則が絶対的なものである日本とは異なり、中国では、法は人間や状況の変化によって変わっていく存在である。だからこそ、中国社会の土台となる法律がなかったり、法律があってもそれを厳しく適用しなかったりするのである。

時には、中国人の意識の底にある、規則や法律を軽視する気持ちが、日常的な場面でちらと垣間見えることもある。

たとえば、中国では「法律に基づいて重く処罰する」とか「法律に基づいて軽く処罰する」などとよく言われる。一見、法律に基づいて処罰しているかに見えるが、しかし、よく考えると矛盾をはらんだ発言だ。そもそも法律に基づいて処罰する以上は、「重く」も「軽く」もできるわけがないだろう。

一つの事件を軽く処罰することもできるし、重く処罰することもできるようだったら、「法」そのものの絶対性と権威はどこにあるのだろう。

さらに、法律や規則をきちんと定めたとしても、国民がそれを守らないとしたら、懲罰の措置を取らざるを得なくなる。「駐車禁止」の警告で駐車違反が減らないのだったら、「違反者、○○元罰金」と付け加えざるを得なくなる。それが、中国の現実なのだ。

日本では、法律や規則を遵守する精神が浸透しており、規律を守るように喚起する掲示もそれほど露骨には書かれない。

たとえば筆者が目にしたものに、東京で見かけた駅のトイレの掲示がある。そこには、「いつもきれいにご利用いただき、ありがとうございます」と書いてあった。これはたぶん、中国における「トイレで廃棄物を捨てることは厳禁、違反者は〇〇元罰金」の提示と同じ意味だろうが、かなりやわらかいトーンのものである。

中国人から見る限り、日本では、法律とか規則を遵守する暗黙の了解があり、決まったことについては懲罰の手段を必要とせず、自ら進んで守っていると見受けられる。これは日本社会、日本文化の優れた点であろう。

中国が法社会を築き上げるには、法律を守る意識や規則への畏敬の態度を培うべきである。中国人は法律や規則に対して柔軟な精神を持つのではなく、日本人のように確固とした法律遵守の精神を持つべきであると筆者は考える。

モラル

22

噛んでいたガムをレストランの壁にベッタリと！

（Mさん、日本人、女性、六三歳）

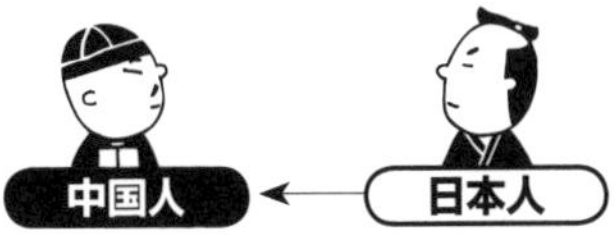
中国人
日本人

ポイッ
ダレカガ掃除スルカライイ

中国駐在員の夫について中国にやってきましたが、道路に平気でゴミを捨てる人が多いのには驚きましたね。中国人の言い分は「掃除をする人がいるんだから、いいじゃない」。でも、子供の頃から道にゴミを捨てるなと言われ続けてきた日本人の私には、ものすごいカルチャーショックでした。

ガムの包み紙とかアイスクリームの袋ならまだしも、食べ終わったお弁当の容器やスイカの皮といった「大物」もバンバン道に捨てるんですから。一度など、バスの窓から食べ残しのカップラーメンの容器が飛んできて、あわててよけたこともあります。でも、びっくりしていたのは私だけで、まわりの人は平気な顔をしていたので、よくあることなのかもしれませんね。

もっとひどい話もあります。ある日、レストランに、若い女の子が友だちと一緒に入ってきました。その女の子はガムを噛んでいたのですが、食事をする段になってガムが邪魔になったのか、なんとそのガムを壁につけたんです！　もうびっくりです。

◉――二〇〇八年の五輪開催を控え、モラル向上に努める中国国家

多くの日本人は、中国を訪れる前は、その四〇〇〇年の歴史や文化に魅了され、ロマンチックな憧れを持っているという。しかし、実際に中国に来てみると、そのモラルの悪さにがっかりすることも多いとか。読者の中にもそんな体験の持ち主がいるかもしれない。

しかし、中国に限らず、悠久の歴史的背景を持つ民族は、近代化した文明社会と合致しない悪習慣を持っているとも言える。たとえば、インド。インド人は、今でもところ構わず排便する習慣があると聞く。

中国とインドに共通するのは、都市文明の歴史が短く、人々は長く農村社会で生活しているということだ。農村社会の人口密度は低く、人々はまさに自然の中で暮らしている。そうした自然社会の中では、ところ構わず排便したり、唾を吐く、ゴミを捨てるなどの行為は大した環境問題にもならないし、大声で話すことも騒音とは思われない。だが、同じことを人口密度の高い都会社会で行ったならば、大変にシビアな問題となってしまう。ゆえに、途上国と先進国との開きは経済面だけでなく、人々の行動様式にもあらわれている。「社会の近代化」とは、人々が身につけている近代化した社会と合わぬ行動や習慣を改めることも含んでいるのだ。

改革や開放により、中国の一部の人間は経済面で豊かになったが、その生活様式は優雅になっていない。筆者も、中国国内で、ベンツの車窓から空缶が飛んでくるシーンを目にすることがある。ベンツに乗っているのは大金持ちかと想像されるが、その行動様式はまだ田舎の農民スタイルなのだ。

中国国民のモラルを向上させ、非文明的習慣を改めるには、教育が重要な役割を果たすに違いない。中国の教育関係者やメディアは、子供の頃から文明的で衛生観念に富んだ習慣をつけるように、基本的な道徳やマナーを大々的に喧伝すべきであろう。現在中国には、コンピュータ教室、外国語教室、法律教室など、さまざまな教室があるが、もしマナー教室が設けられ、就職の前や結婚やお産の前にマナーの訓練を受けられるようになれば、国内事情はよくなるであろう。

教育だけでなく、時には強制的な措置も必要だと思う。北京では二〇〇八年のオリンピック開催に立候補する際に、唾を吐く悪習慣は国のイメージにダメージを与えるとして、改正促進のために二〇〇〇人あまりの監察チームをつくった。監察チームのメンバーは、ところ構わず唾を吐く人を見つけると、教育的指導のほか、罰金も科した。違反者のほとんどは老人だったという。

さらに、二〇〇八年に北京オリンピック開催が正式決定したことにより、北京市民は公衆道徳向上の問題を考えるようになった。二〇〇一年七月一九日付の『北京晩報』の読者の投稿によれば、改めるべき点は一二もあるという。①唾吐き、②行列への割り込み、③「規則意識」の薄弱さ、④地下鉄出口の出づらさ、⑤道を横断するときの不具合、⑥タクシーの不親切さ、⑦人への罵り、⑧微笑みの欠乏、⑨矢印が道案内の役目を果たさない、⑩「すみません」を言わない、⑪外国から来る人よりも地方から来る人に不親切、⑫しゃべりすぎ、である。一見、小さな欠点のようだが、中国国民全体の資質を示す大きな問題だと言えよう。

モラル

23

傍若無人の日本の若者のマナー

（二〇〇一年一月九日付『読売新聞』より）

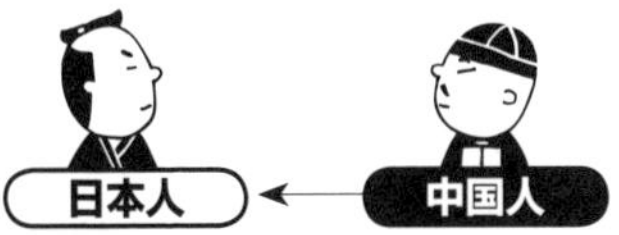

「成人の日」。日本では、この日、全国各地で大人の仲間入りをする若者のために、祝いの式典、すなわち成人式が行われる。ところが、ここ数年、成人式のマナーは悪化する一方で、特に二〇〇一年は大きな話題を集める事件が起こった。

自治体が開催する成人式に参加した一部の若者は傍若無人の振舞。携帯電話が鳴り響き、おしゃべりと笑い声が飛び交う。高知県では来賓の橋本大二郎知事が祝辞を述べていたところ、二階席の男性約一〇人が「長いぞ」「帰れ」などとやじを飛ばしたため、知事は話を中断、「静かにしろ」「出ていけ」と大声で叱りつけた。埼玉県深谷市の市長は「祝辞を読む気にもならない」と紙を放り投げた。さらに、高松市では、式典中に男性五人がクラッカーを鳴らして妨害。市はこの五人を威力業務妨害で告訴した。

こうした荒れた成人式の模様が報道されると、全国で大きな反響を呼んだ。世論は、「成人式のあり方を再考すべき」の方向に傾き、成人の日を祝う必要がなく、成人式を廃止してもいいと考える人さえいる。

中国人から見ても、理解しがたい若者の暴挙。なぜこんなことになっているのだろう。

◉中国と日本では異なる若者のモラル意識

日本の家庭でも学校でも、「人に迷惑をかけないように」という公衆道徳の教育を重んじており、大部分の若者のモラルレベルは高いように見られる。

たとえば、日本では、道路や駅構内、公園内でガムがあちこち地面にくっついているという光景はほとんど目にしない。子供も大人も、噛んだガムを紙に包んでゴミ箱に捨てる習慣があるからだ。中国人からすれば、これだけでも非常にマナー意識の高い民族だと思える。

しかし、日本の各種メディアでは、若者のマナーの低下を嘆く報道が昨今、急増している。公共の場で大声で騒ぐ、周囲の迷惑も考えず携帯電話をかける、電車内でメークをする、他人とのつき合いができない……などがよく言われる問題である。

若者のマナーの低下を戦後日本の教育と関連づけて考える人もいる。

「今の若者の親たちは日本経済の高度成長期に育ったので、小さい時から『点数第一』の教育を受けてきた。それは、すなわち、他はどうでもよい、いい点数さえ取れば有名大学に入れるし、一流企業に就職でき、終身雇用で、老後が保障されるという教育だ。このように、親自身もよい道徳教育を受けてきていないため、それが子供に影響するのも当然だ」

話によると、日本の中学校も道徳教育を重視せず、週一回の道徳の時間も、学校行事や部活動の指導にふりむけられるなど、学校現場で「軽視」されてきた実態がある。本当の原因はどうであろうと、日本の若者の価値観と行動様式に大きな変化が起こったことは事実なのであろう。

ただし、著者の目から見れば、社会の違いゆえに、日本の若者のモラル問題は中国のそれとは若干異なる。

いかに伝統社会の悪習慣を克服し、近代化した習慣を身につけるかが、中国人の抱える問題であるのに対し、日本の若者は「自己中心的」という個人主義的な傾向がもたらす問題を抱えている。

アメリカ文化の影響だろうか、日本の若者の行動様式は「米国化」の傾向が見られる。上の世代に比べると、彼らは社会的な「和」を保たねばならないというプレッシャーが希薄で、個性を強調し、一つの枠にとらわれない。それと同時に、相手の立場になってものを考えることが少なく、規律を守らず、個人主義と暴力の傾向を持つ。成人式の傍若無人な行動、および近年多発している未成年者による凶悪事件もこれを立証しているだろう。

東京大学学校教育学の佐藤学教授は、「今の子供たちは何をすべきか、何をすべきでないか、理屈はわかっている。ただお説教では通じない。価値観が変化した今の社会で、日本の子供たちに一番欠けているのは、国際社会においても、地域社会においても、相手の立場になってものを考える『市民性』だ」と語っている（二〇〇一年一月八日付『読売新聞』）。実は、「相手の立場になってものを考える」という特徴は、「市民性」のあらわれというよりも、伝統的な日本文化の特徴と言ったほうが正しいだろう。今日の日本の若者の優れた点も、「病」も、このような伝統的な価値観が薄まりつつあることと大きく関係しているに違いない。

総論

中国人の心をよりよく理解するために

●モラルや行動様式は歴史的経緯が大きく影響する

この第Ｉ部では、さまざまな事例を通じて、中国的常識と日本的常識の違いに関して述べてきた。なぜ誤解やトラブルが生じるのか、最後にまとめてみよう。

モラルや日常の行動で、中国人と日本人の間に齟齬が生まれる原因は、以下のように分類できる。

①文化的条件の違い

全般に、中国社会より、日本社会のほうが「和」の精神を重んじている。そのため、中国人に比べ、日本人は直接的な衝突を回避し、調和を求め、お互いに協力し合う傾向がある。中国人から見る限り、日本人の行動は謙虚で、礼儀正しく、「他人指向型」ともいえる。

②生存条件の違い

中国では、南の人間は北の人間とは異なった生活様式や意識を持ち、漢民族は少数民族と異なった意識を持つ。さらに、農村に住む人と都会に住む人の意識も異なる。このような差違は日本にも存在するが、筆者が見たところ、差違の程度は中国よりはるかに小さいようである。そのため、一概に中国人と言っても、その考えるところはまるで「異民族」のような違いを持つこともあり、そのことが「中国人はよくわからない」と言われる一端にもなっている。

さらに、中国は歴史上、何度も異民族に侵入され、長期にわたって独裁支配や、戦乱、飢餓にも苦しめられた。それに比べて、日本は、自然にしても、民族にしても、言葉にしても比較的大きな同質性を持つ。外来の侵入がほとんどなく、戦乱が少ないため、生活は安定していると言えよう。争わなくても、強く自己主張をしなくても、比較的、平和な生活が送れてきたことが、日本人のメンタリティを構築している。その安定して平和な民族からすれば、中国人は喧嘩早くて、いつも自己主張をしていると見られても仕方がないところかもしれない。

③教育レベルと社会の近代化レベルの違い

日本は明治維新の後、国民全体の教育レベルが高まり、現在では六割以上の人が大学教育を受けると聞く。それに比べると、中国では大学教育を受けた人は人口の数パーセントにしか過ぎず、読み書きのできない人も多くいるほどだ。日本のように、中国の国民全体に高い教育レベルが普及するのはまだまだ先の話になるだろう。

もう一つ、日本は教育レベルだけでなく、都市化のレベルも中国より高い。今日、中国では、六割ないし七割の人が農村で暮らしている。都市化の洗礼を受けていない村落共同体で生活する人には、以下のような特徴がある。いい面としては、質素で、あたたかくお客をもてなし、困った人を進んで助けるなど。一方、プライバシーの尊重、公衆道徳の徹底、時間を守る意識の徹底……といった、現代社会で生きていくに必須な意識が比較的薄弱な面もある。中国人のこうした近代化レベルの低さが、時として日本人を苛立たせ、ストレスの原因になるのであろう。

④生活向上の道筋の違い

日本は社会の近代化の過程に、すべてを覆す徹底的な「革命」があらわれず、逐次、上から下へと発展する過程をたどった。その過程においては、民衆が上層社会のモラル・生活様式を模倣・吸収・整合し、中産階級は絶えず拡大したことにより、国民全体の生活は優雅な方向へと上昇した。社会というのは、通常、比較的裕福な上層部と相対的に貧困な下層部で構成される。一般的に言えば、社会の上層部は金と暇があるため、家庭教育や礼儀作法、行儀などを重んじ、文化の優雅な部分を維持している。それに対して、下層部は金も暇もないため、教育や礼儀をそれほどかまわないし、行動様式も荒っぽい。これはいわば「衣食足りて礼節を知る」ことである。

「雅文化」が逐次下層部へ移る過程において、人々の生活習慣と行動様式も優雅になってきた状況は、近代のヨーロッパとインドにも存在した。

ところが、中国はこれと正反対であった。

中国社会の発展過程においては、国民のモラルに断層ができ、生活様式は俗化の一途をたどった。革命により中国の伝統的な社会の上層部は倒され、それに伴って、彼らの持つ豊かで伝統的な生活様式は失われてしまった。労働者階級が「主人公」の地位に上昇したことにより、彼らの持つ貧しく教育レベルの低い生活様式が、社会に広がったのだ。

しかし、この問題が複雑なのは、旧社会における上層階級の人々の生活様式は、腐敗的、没落的、搾取的な一面があるものの、伝統的文化を代表する高雅で洗練された面もある。一方、労働者階級の生活様式は、清新的、健康的、活発な一面があるものの、荒くて俗っぽい面もあることである。というのも、社会の「雅文化」の多くはその社会の有閑階級により維持されるからである。これがゆえに、生活様式が「雅文化」へと近づく日本とは異なり、中国では社会全体の生活様式は「俗文化」のほうに近づいていった。

一時期は、ツギハギの服を着て貧しい生活を送ることが「革命」と見なされ、俗を光栄に、無礼を美的とするような極端な状況さえあったのだ。

そのため、中国人は、国民のモラルや文化度が低下し、そうした教育をすべきだと気がついたときには、「ニーハオ（こんにちは）」、「シェシェ（ありがとう）」のようなごく当たり前の言葉から始めざるを得なかった。

新しい中国が誕生する際に、上層社会は覆され、その生活様式とモラルも徹底的に否定されたが、新中国ができた後、さらに文化大革命によりインテリ層の保っていた優雅な生活様式も徹底的に否定された。下層社会の人々は上層の生活様式とモラルを吸収・整合する過程をたどらなかった。改革・開放、市場経済の襲撃で人々に残ったのは、金銭欲のみであったのだ。

今、中国は未曾有の経済成長を体現しており、資本主義社会の国々とも積極的にビジネスを行っている。そんな中、新しい価値観と行動規範はまだ打ち立てられていない。宗教的な縛りがないため、多くの人は最低限のモラルすら守れないのである。モラルを再度、構築し、国民のレベルを上げていくことが、今後の大きな課題であろう。

◉人間関係の形成法における中国人と日本人の違い

人間関係をどのように構築しているか――これは、その国の社会や文化をはかる上で大変に重要な要素の一つである。

最近では、中国の研究者が中国人・日本人・韓国人・欧米人一二五六人を対象に、集団主義、独立性、依存性、衷心感、権勢性、個人主義、支配性、安定感の八要素に分けて、「社会的パーソナリティ」について研究を試みている（陸剣清「対於社会性格的跨文化研究」『心理科学』）。さらに、欧米の研究者も、五〇余りの国々とそこで働く人々を対象に、個人主義と集団主義について調査を行っている(Cultures and organization : Softwares of the mind.G. Hofstede, 1991, Berkshire, England : McGraw-Hill Europe.)。

この二つの調査結果では、日本人と中国人よりも、欧米人のほうが個人主義の傾向が強く、東洋文化と西洋文化が人間の行動に異なる影響を与えていることがあらわれている。そして、経済的に豊かな国はほとんど高い得点を得て、すなわち個人主義に偏るが、貧しい国は得点が低く、集団主義に偏ることで、社会の発展レベルと経済的レベルは個人の行動に密接に関係していることも証明されている。

では、日本人と中国人とはどうなのだろうか。

人と人、人と集団、集団と集団の関係について日中比較をしてきた筆者は、両国の人間関係の築き方には似通った部分が多いと見ている。一方、大きな違いも存在しており、これらの違いこそ両国民がつき合う中でトラブルや摩擦が生じる原因となったことを実感している。そこで、米国（ある意味では西洋社会）を参考にしながら、中国と日本の人間関係のあり方に関して説明していこう。

●――個人よりも集団を重んじる社会の弊害

伝統的に、中国も日本も個人より集団の価値のほうが大きいと見なす傾向があるため、人間関係では競争より調和が強調される。この意味で、個人は完全には独立しておらず、集団内に「癒着」しているのである。集団が重んじられるため、中国社会も日本社会も「個人主義」（individualism）という言葉はほめ言葉ではない。

個人の行動基準は、「私」という一人称単数からではなく主に他人との関係から出発し、独立と自由よりも他人や環境との一体化に向かう。独立の意識が欠けているため、個人は「自分の世界」と「自分以外の世界」の区別に鈍感である。その代わり、「自分の帰属の輪の世界」と「自分の帰属の輪以外の世界」の区別には敏感となるのだ。個人は普通、その帰属集団の範囲内で外では得られぬ安心感を得られるがゆえに、文化心理面から言うと、個人は自らの所属範囲の内と外は本質的に異なる世界で、異なるルールが適用される、と考える傾向がある。

伝統的な中国語と日本語にはもともと「社会」という言葉はなく、「世間」「人の世」だけがあり、さらに、どちらも「個人」という概念はなく、「人（人間）」という概念しかない。

そして「世間」や「人の世」は「社会」とは異なり、「人」と「個人」の間にも根本的な違いがある。

近代西洋のsocietyという単語は、相対的に独立した個人およびこれらの個人が結びついてできた各種社会団体の基礎の上に建てられた「市民社会」をさすが、「世間」「人の世」にはこのような意味はない。前述のように、中国語と日本語の「人」の概念も「個人」をさすものではなく、人間関係を意味する。

日本においてsocietyが「社会」、individualが「個人」と訳されたのは、それぞれ明治一〇（一八七七）年と明治一七（一八八四）年のことだ。中国は日本からこれらの訳語を借用したので、中国が初めてこの二つの訳語を使用した時期はより後年になる。

しかし、概念こそ翻訳されたものの、この二つの言葉が意味する基礎的な部分が、中国人と日本人には決定的に欠けていた。中国人も日本人も、長い間おそらく異なる意味でこれら二つの概念を使っていたのだ。すなわち、私たちが「社会」という概念を使うとき、それは「人の世」あるいは「世間」をさしており、「個人」という概念が実際さしているのは、依然として集団内で相互に依存し、「癒着」して一緒にいる「人」のことであろう。

中国人が受けてきた教育（家庭教育と学校教育）と日常行動を見てみれば、このことがよく理解できる。中国人は小さい頃から権利や自由ではなく、責任や義務についてより多くの教育を受けてきた。中国人がかつて受けた教育は、家庭・一族のために粉骨砕身せよ（いわゆる「出世して祖先の名を大いに高める」）であった。そして、今日受けている教育は相変わらず集団（職場、村落、国家、政治集団など）がいかに偉大であり、個人がいかに取るに足りないものか、というものである。

かつて中国人は家族に守られて生活していたが、解放後は長期にわたり「生産隊」や「職場」が、以前、家族が果たしていた保護作用を肩代わりするようになった。中国人の日常生活ではいまだに、奇妙な言動が見られる。どのような会議を開くにも、どのようなイベントを開催するにも、必ず名士や高官の出席を請い、本の出版、展覧会の開催、橋の修築、家の建築など何でもできる限り高官や権威と関連づけようとする。言うならば、これも独立心と自信の欠如のあらわれではないだろうか。

中国文化の価値基準は、集団調和を個人重視より重く見る傾向があるので、権威や伝統に挑戦することを推奨しない。中国の学校教育は「あなたは唯一の」式ではなく「○○さんに学ぼう」式を強調し、知識の伝達を重んじ、創造性を育むことを軽視する。これが中国の教育（研究）制度が創造性に欠ける根本的な原因であり、中国社会に「市民社会」の基礎が欠けている原因でもある。現在中国では「高い素質を備えた創造的人材の育成」というスローガンを打ち出しているが、創造的人材の育成には個人をより重視し、独立した個性や創造精神を重視する環境が必要である。

◉—「私」の存在なくして不断の革新は望めない

日本の資本主義は明治維新から数えてすでに一三〇年余りにわたって発展してきており、近代民主制度も相当整っているが、日本社会の人と人、人と集団の関係モデルは欧米社会とは大きく異なり、より中国に近い。浜口恵俊氏は「間人主義」概念を用いて、日本の人間関係の特徴を西欧の個人主義とは異なるものとして描いている。

氏の説を取るならば、「間人主義」の本質は、集団の価値が個人の価値よりも優り、集団の調和が個人の自由の価値よりも優ることを強調する「集団主義」である。この点は中国の人間関係とよく似ている。

日本社会の人間関係はまた、個人が小集団の中に溶け込むよう促し、独自に考え行動する人は「集団になじまない」と思われ孤立しやすい。個人は集団や権威に頼り、皆と異なることを異様に恐れ、自らを周囲と同化させようと努め、皆との同一性の中から幸福感を得るというような特徴も持っている。日本の教育システムも画一、服従を重んじ、独創性を奨励しない。

「間人主義」は一九七〇年代に発表されたもので、当時の日本経済はまさに絶好調期であった。西洋の学者が日本経済の発展に驚き、西洋の経営者が日本に学ぶようにと呼びかけた時代でもある。しかし、日本のバブル経済の崩壊とアジア金融危機の勃発により、日本型資本主義のひずみが暴露された。このひずみは日本型人間関係と深いつながりを持つものなのだ。

近代市場資本主義の誕生は、個人の相対的独立、自由、相対的平等、を前提としている。個人主義といえば「自己を中心とする」ことであり、一種の社会的価値観である。個人主義は古代ギリシャから始まり、欧州ルネッサンスに盛んになり、現代の米国において最高の発展を見た。

この価値観の基本認識は、個人が「私」という一人称単数の立場から出発し問題を考えるというもので、優先的に考慮されるのは個人の権利、自由、幸福であって、個人は集団の対立物として存在する。このような価値観の下では、ある人がもしも独立性を備えていなければ、完全な意味における「人」とは見なされない。

これは一種の「個人が集団より大きい」モデルで、家族、社会、政府は低く見られる。個人は比較的独立しているため、個人は「自分の世界」と「自分以外の世界」の区別に敏感であり、「自分の帰属の輪の世界」と「自分の帰属の輪以外の世界」との区別には敏感でない。自分は互いに信頼し、互いに依存する輪の中で生活していないため、自分以外は信頼せず、いかなる者にも依存しない。このような社会では個人の権利と価値を重視し、個性の発展を尊び、自己価値の実現を追求する。ゆえに「個人主義」は一個人に対する称賛である。というのも、それは独立した個性があることを意味するからである。市場資本主義は根本的にこのような社会文化風土と一致している。

なぜかと言えばそもそも、資本主義経済の発展には自由な労働者が必要となるからだ。また、資本主義の本質は利潤最大化の追求であり、それには私情をはさまず、家族、国家をも無視する姿勢も必要になる。血縁、地縁、その他の「縁」を結ぶ自然の絆を非情にも断ち切り、それによって人間関係を相対的に単純化するわけだ。

独立、自己依拠の個人の内心には大きな不安感があり、これは常に他人に打ち勝ち、外部世界を征服することを通して補われる必要があるので、このような社会における人間関係は基本的に一種の競争関係になる。競争に勝利するためには創造性が必須であり、競争の結果、個人の創造性が発揮される。このような社会では、「独創性」は一個人に対する最大の賛辞であり、「独創性の欠如」は非常なマイナス評価となる。

個人も時には集団や権威に従わざるを得ないが、これは個人の心理的苦痛を引き起こし、激しい抵抗にあうことになる。これがまさに西欧社会において不断に社会変革を進める心理の根源である。

米国の教育にも深刻な欠点が存在するが、学生の独立と創造の精神を重視するのは米国教育の大きな特徴であり、これが米国教育の活力の源泉でもある。このような特徴は米国社会が個人主義や独創性を奨励する社会風土と一致しており、米国の成果はこのような個人主義とそれに関連する独創性を奨励することを踏まえたものである。

◉――日本社会の成功と失敗の理由

他方、「集団主義」を指向する人々は国家目標実現のために幅広い協力を行う。政府は個人の集団に対する忠誠と権威への服従を利用して経済の発展を促し、国力を高め、国民の生活を改善する。これが日本社会がこれまで比較的短期間に大きな成功をおさめた一つの重要な要因である。この発展モデルはその他のメリットももたらした。

たとえば、労使関係の相対的調和、低い犯罪率、より多くの人が教育を受け読み書きの能力を身につける等々。しかしこのモデルの欠点も明瞭である。

こういった社会では、個人は比較的弱い存在である。個人は集団の利益（国家と所属する小集団）の立場でものを考え、集団の安定と調和をより重視するため、多くの束縛を受ける。強大すぎる政府と組織体は、家長が子どもの面倒を見るのと同様にすべてを引き受け、個人と指導下の小集団に対して過度の保護と干渉を行う。そのため、日本企業は、真の意味での競争社会を勝ち抜いてきたライバルと戦うとき、一気に弱々しく非力になってしまう。一例をあげれば、日本が護送船団方式を長く進めてきた結果、日本の金融サービスやコンピュータソフトなどの分野の競争力は低下している。

集団の安定と調和を強調しすぎると、集団の活力をそぐことになる。経営的に追い込まれている企業でさえ、調和を乱さないために過剰な労働者の雇用を継続し、効率の悪い下請会社を残している。流通分野では多くの卸商を残している。政府と企業がしばしばグルになって、銀行や企業の実際の財務状況を覆い隠してきた。このような問題は、市場資本主義が主に一国の範囲内で機能している際には、往々にして隠し通せただろうが、世界がますます一体化に向かう時代にあっては顕著に暴露されてしまうのである。

◉──「縁」が強いから中国に汚職腐敗が多発する

西欧社会の人間関係で重要なのは「契約原則」であり、中国や日本社会の「人情」や「縁故」に似たものはもちろん存在するが、及ぼす作用は相対的に小さい。西欧社会の人間関係は本質的に競争関係である。それぞれ独立した個人の間で激しく競争が行われるが、人々はより大きな利益をはかるために必ず他人と関係を結ばねばならず、明確なルールが必要になる。だからこそ、契約が人と人とを結びつける重要なものになるのだ。

「個人主義」を強調することは拘束を受けないこと、協力しないことだと考えるのは、間違いである。これは契約の拘束の下での協力モデルであり、契約関係の前提となるのは他人に対する不信だから、「相互に信頼していなくても協力できる」モデルでもある。

一方、中国社会も日本社会も人間同士を結びつけるきずなは契約ではなく、いろいろな「縁」(血縁、地縁、社縁、業縁など)である。このような社会では人間関係は比較的素朴な特徴を持つ。直接的で全面的な接触をより強調し、心のつながり、相互信頼、相互依存を強調する。個人が自分の帰属集団以外の人と関係を結ぶとき、つねに自分の帰属集団の延長線上に立って、その人との間で相互信頼や相互依存の関係を構築しようと試みる。これは一種の「相互信頼がなければ協力は難しい」人間関係モデルである。

個人行動に対する評価原則は、当事者の身分、境遇、集団の内と外などの違いによって異なり、内部評価が外部評価より高くなる傾向がある。このような関係は比較的不透明で、規則も不明確、また把握するのが比較的難しい――これこそ私たちがよく口にする「人情味」のある人間関係であろう。これは中国や日本がいまだ有している共同体的性格のあらわれである。

伝統的な中国では親族関係を非常に重んじる。親族集団以外の人と関係を結ぶときには、擬似親族関係になろうとまでする。具体的に言えば、非親族関係を縁戚化し、相互信頼・相互依存の輪をつくるのである。村落社会に存在する「義兄弟の契りを交わす（拝把子＝バイバーツ）」や「義理の親戚関係を結ぶ（認乾親＝ジェンガンチン）」などの現象は、このような縁戚化の典型である。中国社会の人間関係は倫理化の傾向をも含んでいる（謝遐齢「中国社会は倫理社会」『社会学研究』一九九六年第六期）。伝統的な中国の理想的な人間関係モデルは、情を特徴としており、『三国演義』の「桃園三結義（劉・関・張）関係」や『水滸伝』の百八将の間の関係モデルは非常に崇拝されているが、それらは実際一つの擬似親族集団――「把子（バーツ）」の中に位置し、お互いが一種の擬似親族関係によって結びついているのである。

今日でも中国社会は総体的に見て、「血縁」や「人情」が契約や法律よりも大きな力を持っている。中国人にとっては近親、知人などから構成される相互依存・相互信頼の輪は、依然として最も重要な意味を持つ。個人が帰属集団以外の人と関係を結ぶときは、ある種の信頼関係を築き、すでに存在した輪を拡大しようと試みる。この輪は「関係網（ネットワーク）」の基礎となるのだ。

たとえば、中国人が何かをなす準備をする（仕事を探す、子供を入学させる、プロジェクトを起こす等）際、最初に考えることは、関係した法規条例（いずれも「契約」のあらわれ）ではなく、信頼に足る、頼りになる知人、親戚などがいるかどうかということである。もしいなければ、そのような関係を築くことができるか、どのように関係をつけるか、などである。

個人はこの輪の中の一員であり、ネットワーク上の「結び目」である。この「結び目」

は発信端末であると同時に受信端末でもある。つまり他人を頼り、他人も自分を頼るのだ。この人情関係ネットワークが「公」の領域にまで及ぶとき、中国人を悩ます「閨閥」「情実主義（ネポティズム）」「汚職腐敗」など不正の気風を生み出すのである。

伝統的な中国の人間関係モデルは、その結びつきが低いコストで、個人が比較的高い安心感を得ることができるという長所を持つ。組織体の規模が比較的小さい場合は、このような関係は有効である。これがすなわち国内外の中国人同族企業に活力のある理由である。しかし集団の規模が大きく、構造が複雑になると、このモデルは困難に直面する。近年、「中国の民間企業はなぜ成長しないか」「郷鎮企業の家族的経営」などの問題が議論を引き起こしているが、その原因はこうした中国人の伝統的な人間関係にあると筆者は考える。

◉──そもそも「縁」とは何なのか

日本の人間関係は中国とは異なるが、本質的にはやはり一種の契約関係ではなく、「間柄」「人脈」など、中国とよく似た要素が大きな役割を果たしている。接待したり物を贈ったりしてパイプを太くし、それを維持するやり方は、日本社会の深層を流れる太い「地下水」

となり、社会の各方面に影響を与えている。このような人間関係が「公」の領域にも影響を及ぼすことがある。

たとえば、日本の政治家は選挙の際に支持者に対してさまざまな口利きをし、当選後は企業が政治家に対して政治献金という名の一種の「ご祝儀」を渡す。

企業内では相互信頼・相互依存を強調し、集団に対する忠誠心と権威や上位者に対する服従を強調する。これにより、お互いの間で「和」の関係を保持し、雇用意識を弱め、競争に伴う不安感を軽減させる。しかしその代償として、個人の独創的な考え方が常に抑えつけられるのだ。明確なルールや透明度に欠けるため、個人は多大な精力を傾けて複雑な人間関係を処理しなければならず、それが組織の機能に影響する。企業は赤字でも全体の雰囲気を気まずくさせないために、極力、人員カットを行わず、企業の競争力低下を招いている。

中国社会と日本社会の、人間同士を「縁」でつなげるこのような関係は、以下のようにまとめられる。

①感情を重んじ義を講じる。対面式の接触や感情の相互作用を重視し、成文化した規定を重視しない。食事に招く、贈り物をするなどが関係を維持させる重要な手段となる。

②個人の帰属集団の中においては、私生活面での隠し事を好まない。距離があることを好まず、容易に相手の心の中に入り込む。「自他を区別しない」のが望ましい人間関係の状態とされる。

内部が透明度に欠け、規則が不明確である。たとえ明確な規則があっても、厳しく遵守するわけではなく、柔軟に対応する場合が比較的多くある。「以心伝心」で、時には相手の心を慮ること、言外の意味を推し測ることが必要となる。

③雪ダルマ式に、輪がどんどん広がり、延々とつながっていく。

このような「縁関係」は東洋文化の基体をなしている「集団主義」という価値観に固有のものであると言えよう。

●——人間関係の築き方で社会と文化が見えてくる

個人主義指向と集団主義指向は、自我に対して異なる認知による。「自我」に関して言えば、日本人も中国人も「個人」から出発するのではなく、同類との協働の中、すなわち、「人間関係」の中で策定している。したがって、個人主義指向の西欧人たちよりも、集団主義指向の中国人や日本人のほうが人間関係に深い関心を持つ。

浜口恵俊氏は「間人主義」概念を用いて、日本の対人関係の特徴を西欧の個人主義の本質とは異なるものとして描いている。氏の見方によれば、対人関係観といった価値意識の側面から眺めた「間人主義」は三つの基本属性を備えている。

その一つは、相互依存主義だ。個人主義の場合は自己中心的で、自由なる意思決定を行う「自己」こそが人間世界の中心であって、いかなる集団・制度も勝手にそれの保有する固有の権利を奪うことは許されない。それに対し、日本式は、社会生活を一人の力で送ることは不可能であり、互いの援助協力が不可欠である。互いの依存こそ、社会＝文化的存在としての人間の本態なのだから、お互いに助け合おうではないか、というものである。

第二に、相互信頼主義である。個人主義の場合は自己依拠的で、他人に依存すること、あるいは他人から頼られることを拒否し、社会生活は他者不信を無言の前提にして営まれる。それに対し、日本式は、自分はこうすれば、相手も必ずそれに応えてくれるものだ、という確固たる宗教的信念を持つ。

第三に、対人関係の本質視である。個人主義の場合は対人関係を手段視し、個人にとって役立つことのない対人関係は永続化されなかったり、解消されてしまう。それに対し、日本式は相互の連関そのものを意義づけて、どこまでもその持続をはかることが望まれる（浜口恵俊著『「日本らしさ」の再発見』講談社学術文庫）。

浜口氏のこの概念は日本だけでなく、中国の状況にも適していると言えるだろう。したがって、中国の人間関係も「間人主義」と呼べばよいと考える。「東洋の人情味あふれる」というのは、おそらく両国の人間関係モデルのこの特徴をさすであろう。

●中国の集団主義が日本のそれと異なる部分

しかし、同じく集団主義社会でも、日本と中国は社会的文化的差違と集団の結びつきの方法の差違のため、人間関係モデルに明らかな違いも存在している。これは次のようにまとめられる。

①親族関係至上主義

中国人が人間関係を結ぶきっかけは、家庭や出身地に強く影響されるのに対して、日本の小集団の性格は、よりオープンなものである。伝統的な中国の人間関係は親族関係至上主義の特徴を持つ。中国人の誇りは、家の意識と切り離せず、個人は親族集団との関係の維持に大きな力を注いでいる。そのため、血縁、親戚、同郷、同級生等で構成される集団は重要な意義を持っている。

②インフォーマルなネットワークづくり

中国人は一般的に家族や親戚、知人、友人等でインフォーマルのネットワークをつくり、その維持をはかるが、日本ではそのようなインフォーマルのネットワークが中国ほど大きな作用を果たしていない。このネットワークの中では、「自他を区別しない」ことが望ましい人間関係の状態とされる。したがって、プライバシーに立ち入ったような発言や質問もすべて許容されるのだ。このネットワークの個人への作用が、時にはフォーマルな社会集団の働きに影響する。

③自己評価が高い

中国人は比較的、自分中心的で、自己評価が高い。それに比べ、日本人の自我は比較的弱く、人間関係は「他人指向型」の特徴を持つ。日本人のこうした心理的な特徴を、心理学者・南博氏は「自我不確実感」と呼んでいる。「自我による自己決定の能力に自信がなく、自我の不安定感、不確実感、自我不安が見られる」「自我不確実感は、大部分の日本人が共通にもつ性格特性であり、日本的な自我構造の基本的な特徴」（南博著『日本的自我』、岩波新書）という。

「他人に迷惑をかけまい」という行動指向がすすめられ、日本の人間関係の多くの特徴はこの行動指向から成り立っている。たとえば、「和」の精神の強調や、個人が集団の一部といったことの強調、集団の利益と集団の調和を優先すること、相互依存と相互信頼など。このような行動指向により、日本人は一般的に、謙虚で他人の意見を聞き入れ、容易に自分の行動を調整するといった長所を持つ。一方、行動は他人または環境に容易に影響され、自我を失うといった欠点も持っている。

④ヨコ関係の重視

中国人の集団では、ヨコのつながりを強調する。『水滸伝』の百八将が典型的なヨコのつながりの集団である。この集団は指導者にあたる「兄貴」がおり、兄弟として呼び合う。前にも触れたように、これは擬似親族の性格を持つ、「把子（バーツ）」集団である。

ヨコのつながりが重視された集団においては、一般的に、上位者は比較的権威に欠け、個人は上位者への服従と献身的精神に欠ける。弱者には有利なシステムといえよう。

それに対して、日本人はタテのつながりを重んじ、ボスはより大きな権威を持ち、個人は上位者に強い服従や献身的精神を持つ。弱者、新参者、外来者は不利な位置に置かれるシステムであるのだ。

第Ⅱ部

中国人とのビジネスを成功させるための方法

組織

1 何がなんでも「ほうれんそう」!

（Xさん、在日中国人、女性、四六歳、会社員）

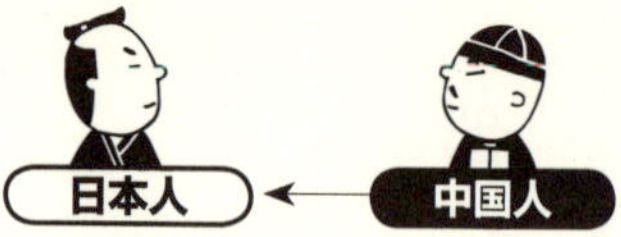

来日したのは一一年前のことです。日本で一流と言われる大学に入って勉強したいという夢もあったのですが、主人が学校に通っていて、私がすぐに働いて生活を支えるしかなかったのです。最初は、海外向けカラオケソフトをつくる会社に勤めましたが、日本の日常生活に慣れる暇もなく、いきなり日本の会社組織に入ることになったわけで、いろいろな意味でショックを受けましたね。

実は、日本に来る前、私は中国の旅行会社でガイドの仕事に就いていました。足かけ一二年になるでしょうか。スケジューリングから始まりトラブル処理まで、ツアーにまつわるすべてを責任を持って取り仕切っていたのです。そこでのやり方は、自分一人で判断を下し、一人で動くというもの。だから、そのスタイルに慣れていたんです。

ところが、日本の会社では、こんなふうに振舞うことはできないんですよね。会社側の厳しい管理があって、個人としての決済や行動の範囲はごく小さいものです。決められたことしかできず、自分の責任範囲を一歩超えることすらタブーのようでした。

当時、こんなことがあったんです。

ある日、私はクライアントから来たカラオケ用の歌詞の原稿にミスを見つけて、それを文字入力するときに自分の判断で訂正しておきました。ミスを早い段階で発見したこと、後日、クライアントから修正が入って、会社が損をするのを未然に防げたこと——それができた自分に内心、ちょっと得意だったのです。ところが、それを知った上司は私を叱責しました。

「クライアントから来た原稿に基づいて制作するのがわれわれの仕事で、勝手に原稿を変えるなんてとんでもない。そんなことをすると、後々トラブルが起こり、会社に迷惑を掛けることにもなります。あなたの責任になってしまうんですよ。明らかなミスを見つけた場合は、まず、上司である私に聞きなさい。私からクライアントに確認を入れます。クライアントから修正OKの書類をもらってはじめて、私があなたに指示を出し、修正を入れられるんです。とにかく何事も私のOKをもらってから動くようにしてください」

上司の言い分を聞き、私は日本の会社で働くことのほんの一端を知ったような気がしました。

もう一つ、外出していても、常に自分の居場所を上司に報告することも、日本では大事なようですね。そのときの上司は、私の年齢の半分以下の年齢の日本人女性でした。はじめは、いちいち連絡を入れることに慣れなかったんですが、外出先から連絡しないと、帰社後はかなりうるさく問いただされることもあって、まあ、マメに連絡を入れるようになりました。

上司に注意され、まわりの同僚を見習い、さらに自分自身も試行錯誤を繰り返しながら、なんとか私は日本の会社で働くコツを身につけるようになりました。そのコツとは「報告・連絡・相談」ということです。日本では、「ほうれんそう」なんて言うようですが、日本の会社のほとんどがこの「ほうれんそう」を重んじているように見えます。

中国の会社では、あんまり「ほうれんそう」は重要視されませんよね。歓迎されないと言えばいいのか。中国に戻って、中国人と組んで仕事をするときなど、すっかり日本流になじんでいる私は、そのことを今さらながらに思い知らされる感じです。

以前私は日本側の社員として、中国のG省S市で、日本企業が中国の会社にエアコン・コンプレッサーのラインを輸出する交渉に立ち合ったことがあります。中国政府は工場建設の鍬入れ式典を旧暦の正月八日に設定しました。その日が一年中で最もおめでたい日だからです。しかし、契約締結に関しても、工場建設に関しても、事前に話し合うべきことがまだまだたくさんあったのです。時間に追われ、バタバタする中で私は上司に何度も報告の電話を入れました。

「午前中のミーティングが終わりました。まずお客さんを宿泊先まで送りますので、四〇分ほどでそちらに着きます」「午後の会議がたった今終わりました。契約書に四ヵ所訂正が発生しました。すぐにホテルに戻りますので、夕食後に打ち合せをお願いします。打ち合せの結果を受けて、夜一〇時から日本語版と中国語版の契約書を徹夜で仕上げます。明日の朝使うものですから」などなど……。

このように「ほうれんそう」をすることは、日本型のビジネススタイルに慣れた私にとってはごく自然のことです。でも、現地の中国人は理解に苦しんでいます。

「電話ばかりして、疲れただろう」「残業手当をもらっていないのに徹夜をするなんて。私たちはもうがまんできない。もう寝るよ」そう言われて、私は大きな衝撃を覚えました。そして、ああ、ここは中国なんだということにふっと気がついたんです。

・・・・・・・・・・・・・

◉——「事後報告が当たり前」——中国スタイルのメリット・デメリット

日本の会社では仕事を始める前に指示を仰ぎ、仕事を終えた後に報告をする。外出する際には常に会社に電話を入れる。悩みや疑問のあるときには上司に相談をし、連絡を保ち、コミュニケーションを取る、といった習慣がある。このいわゆる「ほうれんそう」は、日本のビジネスシーンではごく当たり前に行われていることである。

合理主義的観点に立てば、「ほうれんそう」で行われることのすべてが必要不可欠なものというわけではないだろう。過剰な連絡と相談は、時間と神経の無駄遣いにつながる。いや、それ以上に、常に判断は他人（上司や会社）任せという、マイナスの結果ももたらすのだ。

それなのに、なぜ日本型企業では「ほうれんそう」が重視されるのか。

まず、このようにすれば、上司に今現在、自分がどのような仕事をし、組織の中でどれほど大切な存在かをアピールすることができる。垂直関係が重んじられる日本型集団の中ではこれは非常に重要な要素である。

次に、日本の企業では、密に接触を繰り返すことで、他のメンバーと連帯を取る傾向がある。常に自分が上司のフィールド（集団）の中で動いていることをアピールし、親密な関係を保ち、自らが集団の中の役立つ一員であることを示す。この点、中国型の集団とは大きく異なる。中国では、往々にして、個人がより大きな主体性を持ち、「将外に在り、君命を受けない所有る（将在外、君命有所不受）」、「先に処刑して後に報告する（先斬後奏）」のこともよくある。

もちろん、中国の会社でも、マメに相談し常に報告を入れれば、上司の覚えがめでたいに決まっている。これは上下関係がうまくいく万国共通のカギとも言えるだろう。しかし、誰かがこのようにすれば、Xさんのように、周囲からの反感を招く結果ともなる。

「ちょっとしたことも上司に報告するなんて、自分の考えはないの？」と責められるかもしれないし、「上司にゴマをするやつだ」と嫌われるかもしれない。一般的に、中国型集団では、個人の役割が比較的重要視され、個人の責任範囲内なら、状況に応じて、「ほうれんそう」なしに独自に決断を下すことも認められている。

人間関係が重んじられる日本型企業では、仲睦まじい上下関係と周囲との密接なつながりによって、仕事の効率を高めている一方、個人は独創性を持ちづらく、決済にも時間がかかる。それに対して、中国型集団では、個人はより大きな行動範囲を持ち、一人ひとりの自主性が発揮でき、鍛えられていく。と同時に、人間関係にいざこざが生じやすくもある。互いに連絡が不徹底で、仕事の効率もダウンしてしまう。それは、ひいては個人の独善性をも生み出す可能性がある。

中国人が、このままの中国スタイルを日本企業に持ち込めば軋轢が起こるのも致し方ないだろう。同じように、日本型モデルを中国の企業で貫こうとすると、非難を浴びやすい。Xさんのように、一度は日本型スタイルにすっかり慣れ親しんだ中国人が、再び中国の会社に戻ったとき、「逆文化衝突」に遭遇する。そこで、また新たに、中国流に慣れる努力をせざるを得なくなるのだ。

組織

2

会社の中でも外でもつるんでいないと不安な日本人

（Gさん、在日中国人、男性、四五歳、中国における日中合弁企業の日本側代表として北京駐在の経験を持つ）

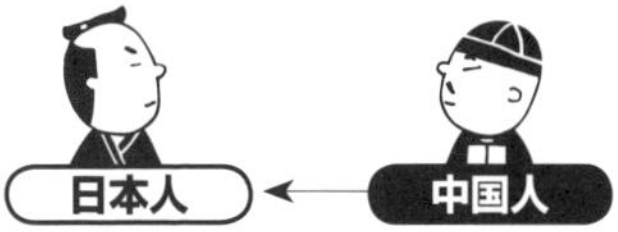

日本の会社では、集団行動が基本ですね。勤務時間はもちろん、時間外もそうなのだから驚きです。たとえば、社員旅行はもちろん、同僚とのゴルフコンペなど、たとえゴルフができないとしても参加するに越したことはありません。日頃、どんなに仕事で頑張っていようとも、こうした親睦を兼ねた集まりに参加しないと、そしてそれが度重なると、孤立することにもなりかねないのです。ゴルフなんて一回行けば、三万円は飛んでいきます。当然、ほとんどの場合が自腹。懐にはイタい話です。

仕事の帰りにみんなで飲みに行くときだって、時間が空いていれば一杯どう？　みたいな誘い方をされますが、それでも行かなきゃまずいぞという気分になってしまうんですよね。これも、会社の時間外勤務だと思うからでしょうね。

日本人は勤勉な民族だけあって、仕事が終わったあとに趣味でいろいろな教室やカルチャーセンターに通うことも多いようです。それも趣味で始めたものなのに、一度入ると、しがらみができてなかなかやめられないようなんです。

実は、私も以前体を鍛えるために、友達にすすめられて、柔道教室に通っていました。柔道教室だからって稽古だけしているわけじゃありません。会社と同様に、稽古のあとに集団活動がしょっちゅう行われるのです。一例をあげれば、メンバーが転勤することに伴う送別会。そのメンバーと大して親しくもないのに、送別会に出て、「これからも頑張って！」と寄せ書きをしたり。なんだかおかしい話ですよね。

中国人は束縛されたくない気持ちが強く、自分の好きでないことをあまりやりません。しかし、日本では、イヤだからと拒否すれば、その社会に溶け込みにくくなるのは明白です。今日本にいる中国人の多くは、その日の仕事が終わると、まっすぐ家に帰って家族と一緒に過ごしているでしょう。ということは、彼らは、自身がどう思っているかは別とし……て、厳密な意味で日本社会に溶け込んでいるとは言えないと思いますよ。

◉――集団の単位――日本では「会社」、中国では「親密な関係」

西欧社会では、中国と日本をひとくくりにして「アジアの集団主義」と呼び、西欧型個人主義に対し、中国も日本も団体行動が重んじられると考えている。しかし、ここで紹介したケースを見ればわかるように、日本型組織と中国型組織とは異なる様相を呈している。中国人も、いわゆる集団を組織し、「集団優先」の特徴を持っている。

しかし、ここで言う集団とは、多くの場合、家族や親戚、友人等親密な関係を持つ人々で構成されたグループのことを指している。中国の企業で働く人は、勤務時間内と時間外とを厳格に区分しているのだ。八時間の業務時間以外は、すべて個人の自由にできる時間だと考えられており、勤務時間外に職場で集まって何かするなどは極力避けるようにされている。たとえ、職場のメンバーで何か行うとしても、参加・不参加はまったく個人の判断に任される。共働き家庭がほとんどの中国社会では、仕事を終えてまっすぐ家に帰り、進んで家事を分担することは、周囲の尊敬を集める行為であり、「模範夫」や「模範パパ」

と呼ばれたりする。

これに対して、日本における「集団」とは、主として自分が所属する会社を指すことが多いようだ。会社の時間と自分自身の時間との線引きは曖昧で、勤務時間外（自分の時間）に仕事や集まりがあっても平気である。また、日本型集団では、個人の権限は小さく、自分を殺しても集団と折り合う必要があるように見える。これは、自由闊達に意見を述べ合い、そこから最もいい結論を導き出そうとする中国型集団とは異なる部分だ。

さらに、日本型の集団は次のような特徴を持つ。

言いたいことを率直に言えない代わりに、他人に強要されるまま、言いたくないことを口にしなければならない。やりたいことを存分にやれない代わりに、他人に命じられてやりたくないことをやらなければならない。そうした組織（会社）に何年、何十年もいると、個人は集団の中に埋没し、自分の本当に好きなことやりたかったことがよくわからなくなってしまう——善し悪しはさておき、これが日本型集団なのだ。

中国人の筆者から見て、日本の企業は人づくりの不思議なパワーを持っているように見られる。企業そのものは一台の機械のようであり、いかなる人も（どんなにルーズでいい加減な人でも）、いったん会社に入ると、この機械に据え付けた部品のように、機械全体に従って動くようになる。「入社式」は、さながら「規格化（マニュアル化）」のようであり、「規格化」されたら、企業に要求される人間につくり上げられるのである。

もちろん、日本にも個性が豊かで、「規格化」されにくいような人間がいるが、このような人々は企業を離れ、自分で事業を興す傾向があるようだ。終身雇用が謳われた日本社会も様変わりをして、近年、サラリーマンから起業する人がますます多くなってきている。これは日本の社会と企業、サラリーマンの意識の一大変化を示していると言える。

中国人と日本人の家庭環境が異なり、学校で受けた教育も異なれば、社会集団の構造も異なっている。来日した中国人のほとんどはすでに大人で、自分なりの考え方と行動様式を持っているため、なかなか日本の企業に「規格化」されにくい。そのため、日本社会にどのように溶け込んでいけばいいかに困惑している。Gさんの悩みがまさにそうだろう。

しかし、日本の社会も変わりつつある。先程の会社を飛び出し起業する人の話もそうだし、現在、日本の教育方針が個性尊重の方向にスライドされ、メディアも個性教育をホットな話題として討論している現状もある。ただし、個性を生かすことは集団の束縛の崩壊を意味する。いかに個性を生かしながら日本型集団の協調性を保つかは、難題と言えるだろう。

組織

3 上には服従、下には叱責が会社の基本

（一九九九年一月一八日付台湾『中央日報』より）

以下は、日本の大手証券会社に勤める台湾人の王さんの記事である。笑い話に近いが、さもありなんという感じがするのではないだろうか。引用してみよう。

はい部長のおっしゃるとおり
コラー
何をグズグズしているんだ

・・・・・・・・・・

「会社で一〇年以上勤めた王さんは、二年前に課長に昇進した。課長と言えば、日本の会社では、中間管理職として重要な役職である。第一線でみんなを率いて戦うポジションで、外国人が課長に昇進することはけっして生やさしいものではない。これまで王さんは、

社内で上司や同僚と仲よくしてきたが、課長になってまもなく、部長に呼び出され注意された。部下に厳しくしないからよくない、との理由である。課長たる者、部下とは一線を画すべきで、これは会社の伝統だ、と部長に言われたのだ。

　部長に怒られて以降、王さんは大声で部下を叱るようになった。しばらく経つと、それはなかなか気分のいいことだとわかり、叱ることにためらいもなくなってきた。もちろん、王さんは上司にほめられた。

　人の非を見つけ、注意したり叱責することがだんだんクセになったらしく、王さんは上司の問題点も無意識のうちに指摘するようになった。そのとたん、部長に呼び出され、またも叱られた。部下に厳しくすべきだとは言ったが、上司に厳しくしろとは言っていない、と部長は言うのだ。上司に絶対服従することも日本の会社の伝統だ、と部長に言われたそうである」

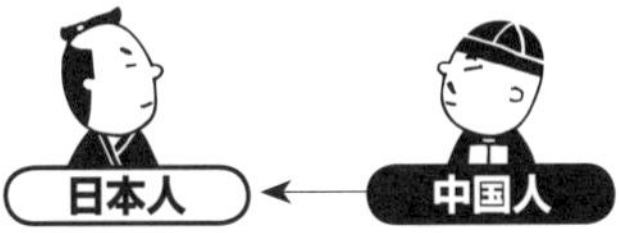

ほめられて伸びていく中国人、ほめられると戸惑う日本人

日本企業の上司の多くはやさしく温厚なタイプで、部下を大声で怒鳴ったりすることは

まれだ。しかし、王さんのようなケースだって、少ないわけではないのだ。日本企業では上司と部下、先輩と後輩との間には厳然とした線引きがなされている。すなわち、上司や先輩は絶対的な存在で、たとえ納得のいかない命令でも部下や後輩はその決定に従わざるを得ない。

この日本型システムの中で、社員は会社の名のもとに心を一つにし、強い結束力を持ち、高い効率を誇る。これは大きな利点と言えるだろう。一方、悪い部分も確かにある。年功序列がはなはだしく、いくら才能があっても若い社員が年長者の頭を飛び越えて出世することは難しい。また、自らの意思を押し殺す分、社員は大きなプレッシャーとストレスを抱えるなどの欠点もある。

王さんがはじめ他人を叱ることができなかったのは、他人にほめられることをこの上ない喜びとする中国人として育ったからである。さらに、人間同士の信頼関係が社員の勤労意欲の最大の源泉である中国企業においては、管理層は部下を叱ることよりもほめることが多い。信頼関係を結ぶ上ではほめるほうが効果的であるからだ。

この本の取材中、筆者が話を聞いた在日中国人は、日本の会社に入社して四年の間、一度も上司にほめられた覚えがないと語っていた。

「上司に少しでもほめられれば、自分もどんどんやる気が出てくるのに。きっと、上司は私のほうがセールスの成績がいいから、嫉妬してるんですよ」彼はそう筆者に話してくれた。

ある研究結果では、日本人はアメリカ人に比べて、他人をほめる回数が少ないとの結果が出ている。それによると、アメリカ人が一・六日に一回の割合で人をほめていたのに対して、日本人は一三日に一回という低い割合であった。さらに、ほめるときもあまり大げさな言い方をしないのが日本人の特徴だ、と出ている。反対に自分がほめられた際も、謙遜したり、曖昧に微笑むかあるいは黙っているという反応が多かったという（Barnlund, D.C.& Araki, S.1985, Intercultural Encounters：The Management of Compliments by Japanese and Americans. Journal of Cross-Cultural Psychology, 16 (1), 9-26. 岩田紀著『こころの国際化のために』北大路書房）。

この調査結果から見えてくるのは、日本型集団の協調関係は無言の中で成り立つということだ。会話の中で、相手をストレートに持ち上げることは相手を困らせる場合がある。人をほめることは人間関係を円滑にするどころか、それと正反対の役割を果たすことになる可能性もあるのだ。

これを会社内の話として考えてみよう。もし上司がたくさん部下がいる前である特定の一人をほめたとしたら……? ほめられた部下が他の同僚から浮いた存在になってしまうことは、火を見るよりも明らかである。集団の調和がきわめて重要な意味合いを持つ日本企業においては、上司に特別にほめられるなんて他人のねたみやそねみを買う行為にほかならない。極端な場合、いじめられたりすることだってあるだろう。こうなれば、この人は上司の「ペット」として生きていくしかなくなってしまう。

このように考えれば、部下をほめるのではなく叱るようにと王さんが部長に言われたのは、ごく普通の日本人管理職が集団の調和を維持するための習慣的なやり方であろうし、実績を上げた部下を一度もほめたことがないという上司も、嫉妬心からの行動ではないに違いない。

組織

4

私は優秀なのに日本人は正当に評価してくれない

（Bさん、中国人、男性、三八歳、大学院で博士号を取得）

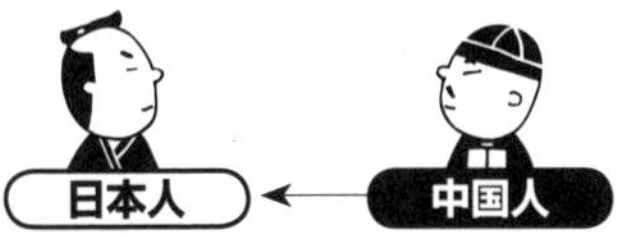

私は、研究の面でかなり優秀なほうではないかと思っています。

博士課程に在学中も論文を四本発表しました。五本目の論文を指導教官に提出し、修正を受けてから発表しようとしたところ、「この研究室で発表する論文の本数が今年は多くなりすぎるな。君が来年卒業してしまうと、論文本数が減るから来年に回すよ」と言って、指導教官はその論文を引出しにしまってしまったのです。それに対して、私は学内の至るところで文句を言いました。

「あの指導教官はひどいよ。私の論文をしまい込んで発表のチャンスをくれないなんて。彼は私にかなわないと思って、嫌がらせをしているんだ！」と。

博士課程を修了した後、私はある企業に就職しました。入社の際、しばらくの間は駐車スペースがないと社長に告げられ、承諾しました。しかし、入社してからわかったのですが、私以外の人は皆それぞれ駐車スペースをもらっているんです。妻にも後押しされ、私はそれ以降、車で通勤し、あえて社長の駐車スペースに車を停めるようにしました。社長は自分で車を運転してくることをやめ、奥さんに送り迎えしてもらうことにしたみたいですね。

給料ですか？　もちろん入社当初からきちんと細かく要求を出しましたよ。

まあ、そうやって勤めていたのですが、就職して三ヵ月目に、社長からクビを通告されてしまったんです……。

◉――自分の権利ばかり主張しては群れ社会では生きていけない

一言で言えば、Bさんは才能があるが個人主義的傾向の強い人である。このタイプの人は、「群れ社会」で生きていくことは難しいだろう。

Bさんのようなタイプの人が、日本型集団の中でうまくやっていけない原因は、大きく二つある。

一つは、このタイプの人は往々にして権威（Bさんのケースで言えば指導教官と社長）への尊敬の念が薄いことだ。Bさんは至るところで指導教官への文句を言い放ち、自分の車を社長の駐車スペースに停めた。これらは、いずれも上位者への明らかな挑戦である。このようなやり方では、日本型集団から排斥されても仕方がないだろう。

二つ目は、日本型集団では周囲と協調して生きていくことが求められるが、Bさんは自分を集団の中に埋没させることに不満を持っていることだ。日本では大学院生は教授の助手にあたり、いわば研究室の群れの一部である。論文の発表は自分一人のことではなく、研究室の成果である。指導教官は研究室の立場に立って、論文を発表するか否かを決める。しかし、Bさんはそれを認めることができないのだ。もしBさんがこの研究室で研究を続けていれば、後々、もっと大きなトラブルを招いていただろう。

さらに、日本の企業では入社年次に基づいて序列や待遇も決まってくる。新参者は序列の末端に置かれ、年数が経つにつれてポジションが自動的に上がっていくわけだ。社長がBさんに告げたことは、しばらくの間駐車スペースがないだけで、近いうちにスペースが空くかもしれないというニュアンスを含んでいる。これはごく当たり前な話なのだ。

それなのに、Bさんは序列を打ち破り、平等を勝ち取ろうとした。これはさながら皆が順番を守って並んでいるのに、Bさんがどうしても割り込もうとしているかのようなことで、群れに混乱をもたらす。この群れのトップである社長によって、Bさんの首が切られたのも当然であろう。

5 友達をつくるコツは目立たず意見せず

（Yさん、在日中国人女性、一八歳、学生）

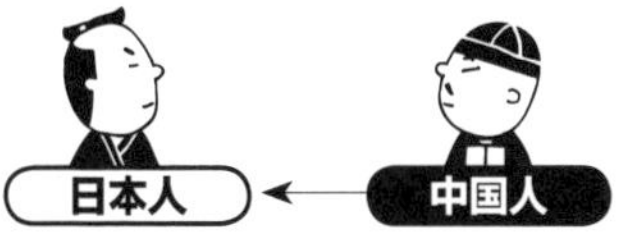

今、一八歳ですが、中学校に通っています。三年生になりました。一一歳のときに両親に連れられて来日したんですが、最初は日本語が全然できなくて、一年間日本語の勉強をしてから、小学校五年生に編入しました。私、中国にいたときは成績もよくて、学級委員だったんですよ。日本の学校の勉強の進み方は中国よりも遅いので、勉強の面ではそれほど困ることはありませんでした。私が慣れなくて困ったのは、クラスメートとのつき合い方です。

日本では、自分の考えを言わないほうがいいし、特に女の子の場合、何か意見があってもわからないふりをするのがベストみたいですね。はじめは何かあれば、手を挙げて発言するようにしていましたが、そうしているとクラスで浮いちゃうんですよね。「中国人は厚かましい」と言われちゃったりもして……。クラスメートと仲よくしたいから、だんだん人の顔色を見ながら、周囲と足並みをそろえるように意識しました。こうして、ようやくクラスの中で友だちができたんです。

◉――個人の行動を裏づけるのは他人の顔色

調和が重んじられる集団の中で、独自性が高い個性ある人は突出してしまう。その結果、異端児とされたり厄介者扱いされやすい。何度も述べてきたように、日本型社会では、集団の調和が重んじられ、個人の行動は「他人指向」（米国人心理学者のWitkinは「場依存型」と呼んでいる）という特徴を持っているのだ（Marshall H. Segall等著『比較文化心理学』北大路書房）。

異なる文化的背景の下で育ったYさんも、まわりとうまくつき合うために、日本型モデルに適応するように努力せざるを得なかった。こうした社会の中では、人々はやさしい気持ちを持ち、ルールもきちんと守られる。社会も比較的安定している。しかし、独自性のある人間が成長していくには不利な環境のようだ。

日本では独創的な技術や独創性のある研究が少なく、外国で開発した技術の改良やそれに基づく製品化、およびアメリカの研究のコピーのようなものばかりが目立つのも、「出る杭は打たれる」日本の文化的風土が関係していると言えよう。

ビジネス

6

合弁で興した歯科医院。まったくの見込み違いでした

（Wさん、日本人、女性、七二歳、歯科医師）

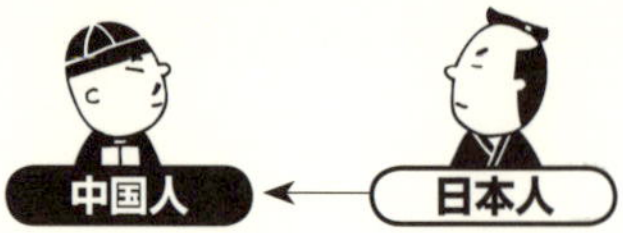

日本人
中国人

歯科医院を開業していましたが、六〇歳を機に引退。それまでの忙しさとは一転して、悠々自適の生活を送るようになりました。それで、以前から関心のあった中国へと旅行するようになったのです。

その後、好きが高じて、中国の歯科医院に短期留学して歯科医療の実際を学ぶほどに。その中国S省S市で、歯科医師のL教授と知り合いました。L教

ダメだコリャ
ソノウチ患者クルヨ
お気楽
来テモ来ナクテモ
給料変ワラナイヨ

授は日本語がご堪能で、私もいろいろとお話をしやすかったんですよね。私が今は歯科医院を閉じたという話をしたら、「中国に来て、一緒に働こうよ。儲かるから」と誘ってくれました。L先生がそうおっしゃるならと、私もついやる気になっちゃって。別にお金儲けということではないのですが、S市で合弁の歯科医院に投資することを決めたのです。

私はL教授を一〇〇%信じて、パートナー探し、場所探しなど、すべてをお任せしました。結局、検討の末、H区衛生局管轄下のH区牙病防治所をパートナーとして選びました。向こうからは場所と人力、こちらからは医療機械設備と一〇万ドル（当時一二〇〇万円相当）の運転資金を提供する、H区牙病防治所の人が院長に、私が副院長に、契約は一〇年、ということで話がまとまったのです。L教授から話が持ちかけられてから足かけ六年後、私が六七歳のときに日中合弁の「遠東口腔医院」が設立されました。

病院の二階が外国人向けの診察室で、私はそこの担当になりました。しかし、開業しても患者さんが来ないんです。病院側に掛け合っても、「そのうち来ますよ」と言うばかりで、宣伝活動を行ってくれるわけでもなく。外国人をたくさん知っており、英語が話せ、そのツテで患者も呼べるという中国人が私の助手になりましたが、いっこうに患者さんを連れて来てくれません。

そもそも、日本で言う歯科医院のイメージじゃないんですよね。従業員のやる気はないし、患者さんも大事にしない。もう信じられないことばかり。サービスって言葉を、知らないのかしら。

まあ、彼らにしてみれば、患者さんが多くなれば忙しくなるだけで、別に自分の給料が増えるわけじゃないということなんでしょうね。

そうそう、あの助手もおかしなことをするんですよ。日本人の患者さんを診察したあとなんかは、急に患者さんの前にあらわれて診察料の交渉を始めたりして。仕事の内容や診察料のことにまで口出しされると、私としてはとっても困るわけです。しばらくしてその人には辞めていただくことにしました。

病院の収支ですか? 総決算ではすごい赤字ですよ。五、六年間は赤字が続いたでしょうか。

赤字なら赤字でいいんです。その赤字を少しでも少なくする戦略を練るとか、もっとやる気を見せてくれれば。でも、中国側はなんにもしなくって。それで私のほうでいろいろと意見なりアドバイスをしましたが、彼らは一応納得するけれど、何も実行しないわけです。のれんに腕押しみたいな感じで、しまいには私も経営のことには口を出さなくなりました。自分ばかりが頑張っているみたいで、なんだかバカバカしくなっちゃったんですよね。

去年、院長は定年退職して、院長選挙の結果、若い方が院長になりました。経営方針を確認する意味で、私の役割を聞いたら、やることは何もないという答え。それで心に踏ん切りがついて、日本に戻ってきました。現在、お給料は普通にもらっていますが、一〇万ドルの投資は回収できないでしょうね。もう諦めています。

中国での病院経営は要注意！

Wさんが結果として投資（ビジネス）で思うような結果を得られなかったのは、制度、具体的な運営方式、人間関係の三つが影響しているだろう。以下、個々に見ていこう。

①制度の違い

中国では、従来「公費医療」を実施してきた。医療は福祉事業の一つであり、利益をあげないか、きわめて少ないかである。治療費は一律、政府が決めていたのだ。

一般的に言って、中国で営利的な病院を合弁経営することは、ほかの業界に参入することよりも難しいと言えるだろう。区の牙病防治所は日本の保健所みたいなもので、治療費もぐんと安い。ゆえに、この病院は、半分を外国人向けにという位置付けで始めるしかなかったのだ。

しかし、中国で外国人向けの病院を開くには、少なくとも次のことをリサーチする必要がある。

・医療を受ける潜在的なニーズ
・潜在顧客（患者）がどのような医療を受けているか
・病院設立後に来院が見込まれるおおよその患者数
・病院自身の医療設備とサービスのレベルの適応範囲

Wさんの話を聞く限り、このあたりのリサーチに甘い部分があったようだ。結果、病院ができても外国人の患者は予想ほど多くは来なかったわけである。

②具体的な運営方式

中国の病院は長い間、国が経営し、衛生局が管轄しているシステムを取っている。病院は経営面において大きな主導権を持っていないのである。さらに、外国人が中国で病院を開業することは通常、許可を得られず、合弁の方法で病院の一角を借りるしかない。これは合弁双方の地位の不平等を示唆しているのだ。

このケースで言えば、副院長としてのWさんは、実は「従属」する立場であり、発言力は中国側ほど強くはない。中国側がWさんの提案を合理的であると認める一方、なかなか実行に移さないのは、やる気がないからではなく、衛生局の顔色を気にして行動に移せないからだろう。

中国人にとっては、外資の進出は願ったり叶ったりの話である。というのも、外資側は中国に、資金や技術のみならず、先進的なマネジメント手法と経営理念をもたらしてくれるからである。これは中国の企業改革に大いに役立つものであり、国が合弁をやる重要な目的の一つでもあるのだ。

Wさんの場合もその例にもれない。しかし、結局、Wさんは提案を繰り返しても受け入れてもらえず、病院を後に日本に戻ってしまった。これは中国側の大きなミスであり、甚大な損失だと言わざるを得ない。

これからの中国衛生局は、いかに合弁の病院での外資側に大きな主導権を与えるかを考えるべきであり、さらに合弁企業の中国側の代表はいかに外資側の意見を聞き入れ、そこから有益なものを吸収して仕事を改善するかを真剣に検討すべきであろう。

③人間関係

中国では、料金は安い、しかしサービスはよくないという医療状況が長らく続いていた。そのため、中国の医療関係者の間では「医はサービス」という意識は希薄である。Wさんが言うように、やる気もなければ、患者さんへの対応もよくない医療関係者が多いということだ。このような人間が従業員の大多数を占めるのであれば、その病院は、管理の面においても、従業員への教育の面においても、多くの問題が存在していると言わざるを得ないだろう。

Wさんの助手の行動も、従業員間の責任権限が明確ではない、ボスであるWさんへの尊敬の念が希薄（そうした教育を受けてこなかった）、職業モラルが薄弱、などの理由によるものと推測できる。

これはまさに中国と先進国との格差であり、真剣に改めるべき点である。合弁をきっかけに、病院側がサービスと管理を一段と高める必要があるのに、その認識が足りないのもまた事実だ。

　近年、中国の医療事業の改革は加速している。著者の知る限りでは、ここに出てくるS市の衛生局も合弁の病院への締め付けを強めている。

　たとえば、これだけ収入をあげなければいけないと、衛生局から一種のノルマが課せられ、赤字が続けば、その病院は閉鎖させられる。

　一方、成績がよければ、従業員も給料をアップしてもらえるという。これは病院の経営にプレッシャーと同時に活力をもたらした。

ビジネス

7

納品が五ヵ月遅れた言い訳は「寒かった」から

（Hさん、日本人、男性、三六歳、R社社長）

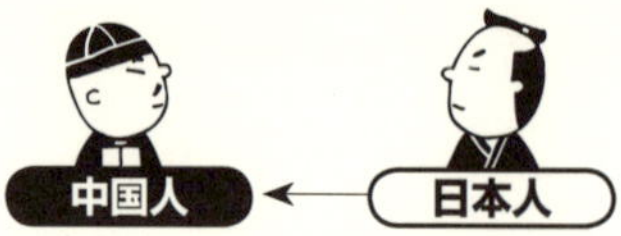
中国人
日本人

仕事ですか？　石材関係です。一九九五年に独立して、会社を興しました。現在は、中国のX市に事務所を設置して、向こうから石材の輸入をしています。

独立する以前から、中国とのビジネスをしていましたが、一番困ったことと言えば、契約書の件ですかねえ。とにかく彼らは契約書を守ってくれ

もういらん！
どうして12月納のものが5月に来るんだ！
ダッテ寒クテ仕事デキナイ

ませんから。そりゃあもう気持ちがいいほど、契約書を無視してきますね。あ、こんなことを言ったら不謹慎だと怒られるかな。

契約を結ぶとき、金額、納期、品質という三つの項目が普通はありますよね。金額的なものは、今は契約どおりで問題はありません。ひどいのが納期、これはほぼ守ってもらえないですね。いろいろ大変な目にもあいましたよ。

一九九九年の一〇月に、わが社はS省のある国有企業に商品を発注したんです。納期は一二月の末。ところが、納期が来ても商品が入ってこない。大あわてで現地に問い合わせると、「今、S省は零下一六度で、寒くて機械が動かない」との返事。そう言われて、こちらも不承不承、待つことにしたわけです。それから一ヵ月経っても、商品はまだ届かない。今度は、「旧正月の準備で工場に人がいないから、加工ができない」と言ってきた。最終的に商品が納入されたのはなんと二〇〇〇年の五月のことですよ！　納期から五ヵ月遅れの納品なんて、日本企業との仕事であれば、信じられないことです。

納品の遅れに伴い竣工が遅れたので、購買業者に三〇〇万円の損害賠償金を払いました。結局、その後、取引は停止になり、仕事は来ていません。ここまで悪質なケースはまれですが、納期に関してはほぼ守ってもらえないと見ていいでしょうね。発注段階で、遅れを見越してスケジューリングするしかないでしょう。

品質に関して言えば、基準書があります。契約書には、「基準書に満たない製品が入った場合には、製作側の負担で弁償する」というようなことが付帯文句に入っています。だけど、実際に基準に満たない製品がかなり入ってくるんですよ。

たとえば、「石の板三〇センチ四方のものをつくる。プラスマイナス一ミリ」といった基準書を出すけれど、納品された製品は、平気でプラスマイナス三ミリだったりしますからねえ。こんな製品は使えませんよ。日本でつくり直すにしても、費用が発生します。契約書に沿えば、中国側がその費用を負担する義務がありますが、現実に負担したことはないですね。


円と元の価値が違いすぎて、仮に修正代を中国側で負担したら、中国の会社はつぶれると言ってくるんです。

中国との仕事を始めてもう一一年になりますかね。なんだかんだ言っても、納期も品質も一一年前に比べると、だいぶよくなってはいます。比率で言えば、たとえば一一年前に中国でつくって製品で実際に使えるのは一〇%か二〇%でしたが、今は七〇%くらいにはアップしていますから。

◉──「口約束社会」では契約はそのときその場で変化する

中国人は「契約」といった考え方にこれまで慣れ親しんでこなかった。しかし、実は中国だけではなく、伝統的な日本社会でも「契約」といった考え方には慣れ親しんでいなかった。この二つの社会では今でも、「お互いに信頼さえすれば、契約書は必要なし」とよく耳にするものだが、ただ日本は中国より一歩早く現代社会に入ったために、「契約意識」は中国人より強いのが現実だ。

当然、近年では中国の状況も変わって、「契約書」をあちこちで使うようになったけれども、人々の意識の深層には、契約は守るべきものではあるが、絶対に変更できないものではない、情況が変化すればそれに応じて適当に調整するのは当たり前だ、と考えているケースはまだまだあるのだ。

契約の担当者にすれば、日本側の要求を受けないと受注ができないから、とりあえず契約してしまう。プロジェクトを完成すればＯＫ。完成の方法や日程は、そのとき、その場の状況によって決めればいいいと思う。これが中国人なのだ。

一方、日本人は、不可抗力でどうしても遵守できない場合を除いては、いったん結んだ契約は必ず守るべきであり、それを守らないことは信用問題にかかわることだ、と考えている。そのため、中国人が契約に違反した場合、日本人が感じる反感や怒りは、中国人の想像をはるかに超えるものがあるのだ。

率直に言って、日本人のみならず、世界の多くの国が、契約に関しての中国人のルーズさに辟易している部分がある。契約意識の致命的な弱さは、中国人の弱点であり、反省すべき点であろう。

ただし、幸いなことに、Hさんが語っているように、中国は今、よい方向に向かって変化しつつある。今後、諸外国とのビジネスが増えるにつれ、特にWTOに加盟したこともあり、中国の会社もいわゆるグローバル・スタンダードを学習していくであろうし、人々の契約書や法律に対する認識と理解も深まり、紙面上の規定に基づいて行動する「契約意識」も強まっていくに違いない。

ビジネス

8

中国企業とのビジネスを成功させるコツ

（Yさん、日本人、男性、五〇歳、弁護士）

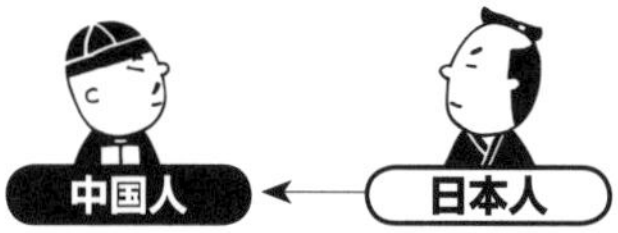

私が顧問を務める企業は中国D市の企業と合弁で紙製の袋をつくっています。相手は大型国営企業ですが、はじめは彼らは経営というものをまったく知らずに、お金ばかりほしがってきました。今では、彼らも少しずつ経営のことを理解するようになっていますが。

私の経験としては、中国企業とのビジネスを成功させるコツは二つ。

一つはルールの策定、すなわち明確な契約の締結。もう一つはパワーの発揮、すなわち、断固としてパワフルに契約の実行を求めることです。

契約を結ぶ際、こちらはいろいろと細かく注文を出します。中国側はどうしてそこまでするのかわからないようですが、契約が詳細であれば、後々無用なトラブルを防げるからにほかなりません。まあ、もちろん、細かさにも限度はありますがね。しかし、契約は詳細で、具体的である必要はあります。

私たちは大きく三つ、次のような契約書を結びました。

一つは、合弁の契約書。これは最も基本的な契約です。お互いの出資比率と出資の形から始まり、どういう機械を納入するか、どんな材料を使うかなども含まれます。

日本側の機械は全自動で、紙と糊と材料を入れれば、袋がすぐ出てくるものです。そこで使う紙も糊も、特別なものでなければいけないんです。しかし、中国側は、自国の紙や糊が安いからそれを使おうとし、使ってもその機械は動くと思っていました。中国の紙は日本の紙ほど精巧ではないし、厚さも違うから、中国製の紙を使うと機械は故障してしまうんです。糊だって、品質がよくないので、機械が均等に塗れないし、製品もはがれやすくなってしまう。そういった要求と規格を全部契約書に書き込んだわけです。

二つ目は、特許実施許諾契約書です。機械があれば、機械を動かすためや製品を生産するためのノウハウ、特許が必要となります。技術は特許であり、特許は経済的な価値があるわけだから、ロイヤリティを要求するのです。これは資本金の中に評価されます。でも、中国人は特許のある技術を使うためにお金を払うという意識がないのです。機械そのものをくれたのに、なぜ機械を使うお金を払わなければならないのか、と思っているようで。

「これはごく常識的な契約条件だ。それが理解できないのだったら、私たちは投資をやめる」と、私は弁護士として言い張りました。最後には、中国側も同意してくれましたがね。

三つ目は、研修に関する契約書です。機械を動かすには研修が必要で、能力のある技術者に日本に来てもらうことにしました。往復の交通費は中国側が出し、日本の会社は滞在費などを負担するというような内容でした。

先に述べたように、中国人とのビジネスでは、詳しい契約があるだけで十分ではなく、それを遵守させる監督力、実行力も必要となります。

契約に定まった材料を使わないで機械を壊してしまったなど、契約不履行な行動があれば、そのつど厳重に注意し、クレームをつけます。そうすることで、ようやく中国側もビジネスの意識が身についてきたような気がしますね。

だからと言って、パーフェクトというわけではありませんよ。まだまだ問題も山積しています。たとえば、研修の問題。日本に来る人は、優秀な人ではあるけれど、日本語がほとんどわからない。さらに、今までそんな高度な技術を必要とされる機械を扱ったことがない。コンピュータで操作するのに、コンピュータの知識がないため操作ができないなど、頭の痛いことが多いです。特許の件でも、ロイヤリティを払うことに同意したとはいえ、日本では約一〇億円の価値がある新しい技術を、中国側は五万元（一〇〇万円未満）にしか評価してくれません。

あ、それから中国側の責任者がどんどん交替するのも困りますね。交渉しているうちに、担当者が変わるんですから。新しい人が、引き継ぎを受けていなくて契約のことをまったく知らないと言いますが、これは責任逃れでしょうね。

◉——成功のカギはルールとパワー

Yさんが顧問を務める企業は、問題はいくつかあるにせよ、全体的に見れば成功をおさめていると言えるだろう。それは、弁護士のYさんの手腕に負う部分も大きいに違いない。「ルール」と「パワー」を中国ビジネス成功のカギとするYさんの言葉は、体験談だけに、強い説得力を持つもので、すでに中国に投資している、あるいは中国への投資を考えている日本企業には大変に参考になる意見だ。

中国は「法治」の伝統が比較的欠けている。中国の国営企業も、長期にわたって、「法治」ではなく、「人治」に頼っていた。合弁の初めの段階においては、外国企業に理解できないような、いわゆる「中国スタイル」を貫いていたのも自然なことであろう。合弁企業の外資側は、この面では中国側のよき指導者になってくれたと筆者は思っている。合弁方式により、中国の企業は少しずつ近代化したビジネスの本領をマスターし、強い企業へと生まれ変わっていったのである。

近代化した企業とは、明確なルールに基づいて運営されるものである。現在、中国の国営企業は近代化企業になることをめざして改革を進めている。なかでも、近代化した企業特有の各種の法規をつくって、整備し、それを人々が自ら進んで守るようにさせることが、非常に重要な点になっている。

二〇〇一年、中国はＷＴＯに正式加盟した。この世界的組織に加盟することにより、世界と一体化し、遵守すべき規則に基づいてビジネスを進めることを学べるのだ。この意味では、中国にとって、ＷＴＯに加盟することは、貿易の範囲をはるかに超越した偉大なる出来事と言えるだろう。

ビジネス

9

特許も友情。パテント費用は相談で

（Nさん、日本人、男性、七四歳）

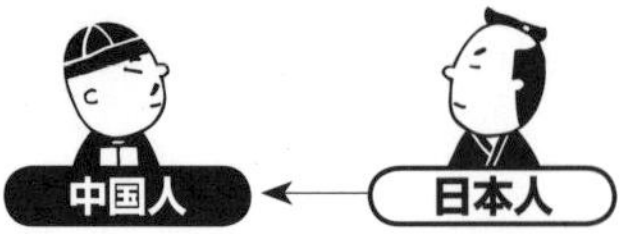

私は二二五件の特許を世界中で持っています。

中国での特許は五つくらいかな。アマゾン川、ポルトプリマベラー川のダム建設で使われたのは私の工法ですし、世界的なエンジニアリング・コンテストで優勝経験もあります。まあ、その世界ではかなり名の知れた存在と言っていいでしょう。

一九六五年、私は毛沢東に呼ばれて北京へ行き

ました。宿泊先は北京飯店。外国人はほとんど中国に入れなかった時代です。銃を持った兵隊が三人私についていたのを今でも覚えています。

「日本は中国に対して、非常に失礼なことをいろいろやってきました。これは申し訳ないと思います。お詫びの気持ちもこめて、現在日本で行われている新しい地盤改良工事に関してレクチャーをします」

そう言って、一週間、朝の八時から夕方の六時まで、一五人の技術者に講義をしたのです。その後、夕方六時半から私の宿泊先に一五人を呼んで、ディスカッションを続けました。上海でも同じ方法で別の技術者一五人に教えました。時は文化大革命の時代で、当時、中国には特許法がなかったので、「どうぞ特許に関係なく使ってください」と私は彼らに言いました。そのときは、確かにそう思っていたのです。

三年前、中国で教えた生徒の一人が北京のJ工程公司の長になり、日本の最先端技術を教えてくれと要望されたものですから、再度中国に渡りました。

実は中国の三峡ダムで、本流以外に水を流せないとコンクリートが打てないから、私のバイパス工法を使いたいということだったのです。

私は、北京のJ工程公司に機械の設計図も渡し、三峡ダムに十数人の技術者・関係者を連れて行き、懇切丁寧に技術指導をしました。

文化大革命以後だから、中国にも特許というものは出しています。バイパスの工事は私の特許を使ってできたというわけです。工程で言えば、コンクリートを打とうとしているところ。コンクリートを打って完成させれば、世界一のダムになるでしょう。しかし、中国側はパテントの件には言及せず、費用を払ってくれません。

北京の特許庁へ行って調べれば、私がどんな特許を持っているかすぐわかるはずです。ちゃんと特許庁から、特許を認める正式な通知が来ているんですから。

ということは、私の特許を中国が買うべきで、イニシャル・フィーを払うべきなんです。さらに、工事をやったその出来高、工事の量に応じて、ランニング・フィーを払わなくてはいけないのです。これは国際的な慣例で、中国は国際的ルールを完全に守るようにすべきです。

朱鎔基首相が来日した際に、特許は非常に大事なものであるから尊重する、ということを述べたそうですね。首相がそう言ったにもかかわらず、それを守らない中国に対して私は憤慨しています。

今、中国は「南水北調（中国の黄河の水は飲み水としては不適当なので、長江から黄河に対して水の流れるルールをつくる)」の工事を始めようとしています。私の工法を使えば、早くできるし、安くもできます。私は再び中国へ渡って、黄河地区の人たちの飲み水問題解決のために、私の工法を中国にお教えしたいと思っています。

しかし、そのときには三峡ダムのようなことがないよう、確実に契約をしてほしいとも思っています。

権利の要求と条件提示がいつでも必要

特許法があったとしても、さらに特許管理機構ができたとしても、中国では、知的所有権保護の歴史が浅く、国民の意識自体もまだ薄弱であると言えるだろう。

新聞報道によれば、「中国では、日本の有名企業名と酷似した『ブランド』を使用する業者が後を絶たず、食品、化粧品から家電まで偽造品が流通している」という。また、「日本ヤマハ発動機は北京の日本大使館で記者会見し、中国で生産・販売しているスクーターの偽造品が出回り、昨年の売り上げが前年比約四割減少したことを明らかにし、法的措置をとる方針を示した」というのだ(二〇〇一年二月一六日付『読売新聞』)。

中国は常に海外の人々、あるいはメディアに「知的所有権侵犯」との批判をされている。このケースにおけるNさんの批判と怒りも、十分に納得できるものだろう。

しかし、ここで考慮すべきこともある。

というのは、Nさんは一九七二年の日中国交正常化以前から中国の偉大なる指導者とつき合ってきた、いわば中国の友人とも言うべき人物である。このような背景があるからこそ、トラブルが生じたのではないかとの可能性も否めないのだ。

Nさんの特許を中国は二回使用したが、二回目にクレームが出た。Nさんに言わせれば、最初のときは中国に特許法がなく、「無法可依（基づく法律がない）」という状態で、許せる。二回目は「有法不依（法律があっても基づかない）」状態で、許せないとの理由であろう。

だが、この二回目にどのような「約束」が存在したかがカギではないだろうか。

すなわち、Nさんは権利の要求と特許使用の条件を、そのとき明確に意思表示したかどうか、中国側はその条件に同意し、紙面契約を交わしたかどうかが問題のカギなのだ。たとえ特許法があっても、お互いに同意していれば、無償使用も可能である。

Nさんの発想としては、北京に特許庁があるから、国際的なルールに基づくいろいろなことをはっきり言わなくても相手はわかっているはずだという考えだろう。Nさんは世界各国をまわり、国際的ルールを熟知しているが、その方面で未熟な中国の企業が、必ずしもこれらの常識を知っているとは限らない。

Nさんのみならず、日本企業、日本人ビジネスマンはこうした発想をしがちなので、こと中国とのビジネスに際しては注意が必要となる。重ねて言うが、特許に関しての中国人の意識は、日本人が考えるよりずっと低いものであるのだ。

もう一つ、次のような可能性も考えられる。

初めてNさんを中国に招くときは、国賓クラスの待遇をした。その代わり、Nさんも友好を目的に無償で自分の発明(特許)を寄付した。二回目もその延長線上にある訪中であり、中国側はまたも国賓待遇でこの「老朋友」を接待し、それと同時にNさんの教える技術を寄付と見なしたのではないかと。中国と日本両国の民間交流の中で、このような寄付活動は少なくないのだ。

知的所有権関係のトラブルを回避するためには、言うまでもなく、中国側の努力が必要となってくる。パテントに対する国民認識を高め、権利侵犯者に罰を与えるべきである。

一方、日本側にとっては、事前に権利条件を明確にすることもトラブル回避に有効な手段であろう。

今後、中国とのビジネスを考える日本人、日本企業に、著者はこうアドバイスしたいと思う。

「これは私の特許であり、使うには契約を結び、費用を払ってほしい」と中国人にははっきり言うことだ。中国人の口にする「先小人、後君子（先に遠慮のない話をしておくと、後で揉めることもなく、君子の振りができる）」――このようなやり方も中国人なら受け入れられるのである。

ビジネス

10

「コネがあるから」を信じた結果が逮捕、投獄

（二〇〇〇年一二月六日付『中文導報』）

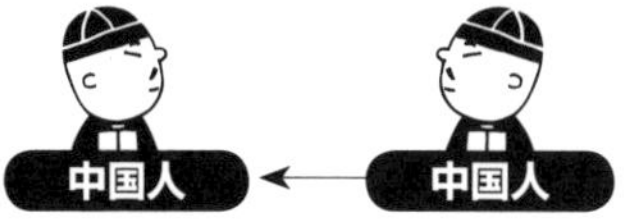
中国人
中国人

中国東北部出身の在日中国人Rさんには、南京出身の妻がいる。二年前、Rさん夫婦は日本で稼いだ二〇〇〇万円を母国に持ち帰り、事業を興すことにした。

Rさんは、自分の故郷である東北部には戻らず、妻の実家のある南京で暮らすことにし、さらに義理の父親に紹介された、弁舌さわやかで各方面に太いパイプを持つ男性と力を合わせ、マッサージ店を開業した。ビジネスパートナー

コネナンテ
コネナンテ…
コンナコトニナルナンテ…

となった男性は、通常より高価な設備を購入したが、義理の父親のメンツを配慮し、Rさんは何も言わなかった。

店は無事にオープンしたが、その後の商売がどうにも思わしくない。パートナーはRさんに多額の金を用意させ、しばらくあちこちと動き回っていた。そして、しばらくして言うことには、金銭でコネをつけたという。公安等とすっかりパイプを通じたとのことで、マッサージ店はいつしか風俗店に姿を変えてしまった。

しかし、売上げがようやく上向いてきた頃、取締りにひっかかり、Rさんも収監された。義理の父親は知人に頭を下げまくり、相当の金を積んで、一年後、やっとRさんは保釈されたという。

●中国内部からも徐々に批判が出てきた「血の結束」主義

日本で金を貯めて帰国し、その後、事業を興して成功する中国人が、最近急に増えている。一方、投獄されるまではいかないにしても、Rさんのように失敗してしまうケースも少なくない。

ここまで何度も述べてきたように、中国人の人間関係はきわめて濃密であり、相互扶助、相互依頼の観念は日本人の何倍も強力だ。農村部と比べて、その意識がかなり希薄なものになっていると言われる都市部ですら、親戚や友人の強い情のネットワークが存在している。

だからこそ、Rさんも親戚や友人のコネを利用して起業活動を行ったのである。中国では、親戚や友人のコネは一種の資源であり、それを利用することは後ろ指をさされることでもなんでもない。もっと言えば、台湾や香港にある華僑系の企業の多くは、親戚や友人関係の上に成り立つ、「情」のネットワークを利用した企業と言えよう。このような企業は、強い結束力を持つ反面、それが強いしがらみとなり、正しい企業活動を阻害するという弊害も併せ持つ。

Rさんのケースで言えば、義父のメンツを考え、相場より高い機器の導入を黙認せざるを得なかった。ともに働く人がすべて知人や、親戚、友人などの身内の場合、往々にして想定できることであろう。

ごく当たり前の話であるが、コネやルート、人脈に頼るやり方は、ときに法律やルールを無視し、利害だけを追い求めるやり方となる。賄賂を贈るなど、法律違反の温床にもなりがちだ。よって、コネや人脈頼りの企業は、いずれは問題が生まれる可能性が高いと言って差し支えない。

こうしたコネ優先主義は、近代化が進むにつれ、中国内部からも批判が湧き出てきている。

しかし、残念なことに、一部の日本人や在日中国人は、中国企業のすべてがこのようなコネ関係で動いていると誤解しており、「中国通」と呼ばれる人たちも、日本の企業が中国に進出する際は、中国政府や要人と人脈をつくることが必須であると説いている。それを真に受けた結果、一部の日本人ビジネスマンはあらゆる手を使い、コネを探し、人脈づくりにすべてを賭ける。もちろん、多額の金銭が中国側に渡ることもいとわない。

だが、結局のところ、このような関係に頼りすぎて、ひどい目にあわされるのがオチだ。

中国とのビジネスを考える日本企業、日本人にとってこれは由々しき問題であろう。

就業意識

11

私が日本でのエリートコースを捨てるワケ

（Zさん、中国人、男性、三六歳）

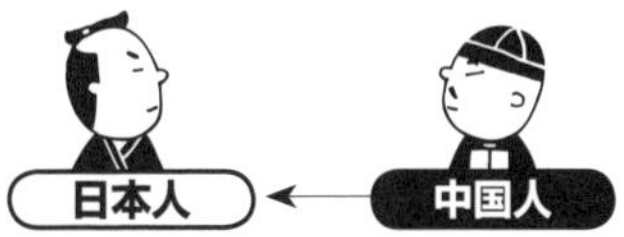

日本の最難関と言われる大学で修士号を取り、その後、大手コンピュータ会社に就職しました。自分で言うのもなんですが、仕事はできるほうだし、管理職として社内の外国人スタッフをリードする立場にもあり、会社から評価もされています。まあ、傍から見れば順風満帆というところでしょうね。

でも、先日、退職願を提出したんですよ。ええ、日本を離れてカナダで仕事をするつもりです。上司も同僚もすごくびっくりしていましたけどね。会社からは、随分と熱心に引き止められました。お偉いさんも出てきたりしてね。だけど、私が頑としてクビをタテに振らなかったので、二ヵ月目にしてやっと届けを受理してくれました。チケットや諸手続きをはじめ、もうカナダ行きの準備はできています。あとは日本を離れるだけですよ。

退社の理由ですか？　会社への不満じゃありませんよ。だって中国人の私をあれだけ重用してくれ、重要な案件も任せてくれて。会社にはありがたいと思っています。私が図抜けて優秀だってこともありますけどね（笑）。あ、こんなことを言うと、日本人には嫌がられそうですね。

不満があったのは、日本の社会に対してです。IT業界では、依然、アメリカが世界をリードしています。アメリカより、日本は五年も一〇年も遅れていると言われているんですよ。私に言わせれば、遅れているのは、製品ではなく考え方と制度です。

何が遅れているかですか？　そうですね、まず企業の制度により、そこで働く人の創造性が十分に発揮できないことがあげられます。実は、日本で開発に携わっている技術者のレベルは、全般的に見れば飛びぬけて高いものではありません。これを日本企業は、「規格化」で補っているわけですよ。規格化っていうのは、たとえば、どんな複雑な製品をつくるにしても、作業を簡単な工程一つひとつに分解し、そして、それらの各工程の流れ作業によって最終的に製品に仕上げていくことです。生産プロセスの標準化によって、高度な技術も単純作業レベルに分類できますから。この段階においては、人間も規格化されるように見えますね。

もちろん、このモデルには長所もあります。一人ひとりの担っている仕事は規格化されており、きわめて簡単なものです。誰かが辞めて、まったくの新人が入ってきても、一定のマニュアルのもと、すぐに仕事に慣れるようになるわけです。さらに、製品の品質管理がしやすいという意味での長所もあるでしょう。

同時に、このモデルは大きな弊害も併せ持ちます。これがさっき私が言った、労働者の創造性が発揮できないということです。このモデルのもとで定年まで働いても、技術の能力は自分の持つ仕事に限られてしまいます。中途半端な技術しか身につかないということです。

ただ、最近では日本の企業も変わりつつありますよね。特に、ITの世界では、日々技術は進歩しています。日々のたゆまぬ勉強と先端知識の吸収が求められるようになっているのです。でも、この面でも、日本企業とそこに勤める人はまだまだですね。作業のマニュアル化が人間を固定化してしまい、創造性を発揮する余地がないのが理由の第一。理由の第二は、残業の毎日で、サラリーマンがとても自分自身の勉強時間を持つ余裕がないということです。そういった状況に、私は限界を感じてしまったんです。

さらに、日本の社会の問題点と言えば、閉鎖的であることですね。価値が高いと認められるのはメイド・イン・ジャパンの製品。ただし、その反面、欧米崇拝も根強い国ではあるんですが。日本社会に食い込むには、欧米から発信すればいいと言ったら言い過ぎでしょうか。

カナダに行く目的ですか？　自分で会社を興し、自分で製品を開発したいからです。こんなことは、マニュアル化が徹底された日本ではなかなか実現できないので、若いうちにチャレンジしようと思っているわけですよ。

●──日本がＩＴ先進国になるための条件は「脱マニュアル化」にあり

「ＩＴを担う人材って、創造的であり、時には批判的でもあるべきだと思います。だけど、日本の大学院では、院生が指導教官に反対すればいい成績で卒業ができないという暗黙の了解みたいなのがあるんですよね。覚えがめでたくない、っていうのか。それに、アメリカの大学には学生の起業をサポートする専門の機関があるのに対して、日本では企業とのプロジェクトの打合せはほとんど指導教官が行ってしまって、なかなか学生の出番にならないですね」

日本で修士号や博士号を取得した後欧米に渡って研究を続けている中国人青年たちは、異口同音に以上のような発言をする。こうした優秀な在日中国人が日本を離れ海外に渡ったのは、日本企業の求心力、人を魅了する「ソフトパワー」が欠けているからであろう。そもそも、彼らの指導教官である日本人教授が、「日本の教育環境は、創造性のある人材の発展にあまり適しない」と語っているほどなのだ。

このケースで紹介したZさんも言うように、技術の規格化・マニュアル化は日本企業の大きな特徴の一つだ。企業の立場から見れば効率を高めるのに適しているし、全般的な管理の面でもメリットのあるシステムである。

確かにこのモデルは、「模倣」を主とする製造業では有効だろう。しかし、ＩＴ産業のように高度な新技術の創造を特徴とするハイテク領域においては、多くの弊害が叫ばれている。

ここでのポイントは、技術のマニュアル化ではなく、日本型組織（企業）における、個人の思想と行動の「画一化」にあると筆者は見ている。日本の企業では、集団に対する個人の献身や周囲との和が重んじられる。それは、裏を返せば、個性と創造性の抑制を意味するのだ。企業内の年功序列も息苦しいものであり、優れた才能のある若者が、まるで錐の先が抜け出るように頭角をあらわすことは難しいものがある。

ＩＴ革命を唱えている日本。だが、なぜ中国、インドといった国々の優れたＩＴ人材が日本ではなく、欧米を目指すのか。なぜ多くの国の留学生が、ジャパニーズドリームではなく、アメリカンドリームをいまだに夢見るのか……。

こういったことを、日本はそろそろ真剣に考えるべきときに来ているのではないだろうか。在日中国人の発言がそれを考える一助になることを、筆者は心から願っている。

就業意識

12

日本企業より米系企業を選ぶ中国人

（Lさん、中国人、男性、三四歳、会社員）

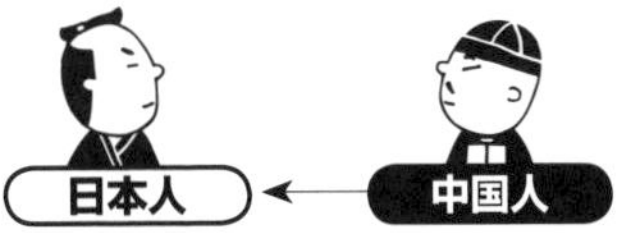

日本のある大手会社の中国支社で三年間勤務の経験があります。現在米国の会社の中国支社で働いてます。なぜ日本の会社をやめたかって？　それは、日本の会社に問題があるからです。

日本の会社では、社長の一言で決まることが多いですね。それに対して、欧米の会社では、会社の規則制度で決まるのです。米国の会社は責任範囲が明確で、規則は厳密ですよ。

成績を出せば、認められるし、問題を起こせば、減給、解雇されます。今の会社では、私がいる三年間に何人も解雇されましたよ。このような情況は日本の会社では出くわしたことがありませんね。

日本の会社の場合、問題が起きても、個人の責任をあまり追求しません、集団で担います。会社には規則がありますが、融通もききます。

たとえば、日本の企業には研修制度があります。入社時と一定の期間働いたあと、規定により業務上の研修があるはずなんですが、しかし厳しく守られていません。日本の会社で三年間働いたのに、研修は一度もありませんでした。正規の養成・訓練を受けたこともなければ、専門に教えてくれる人もいません。それに対して、米国の会社に入社して三ヵ月しか経ってませんが、二回も研修を受けました。その当時、英語の会話能力が不十分だったので、三ヵ月の研修期間中、二ヵ月間は会社の費用で米国の学校で英語の特訓を受けました。

また、在職していた日本の企業の知名度は高かったのですが、財務制度はかなりいいかげんでした。「会社のお金を使うことは、個人の儲かるチャンスだ」とみんなは言っています。年収五万人民元（日本円で約八〇万円弱に相当）に過ぎない普通の従業員が、一年間で車も家も買えました。その金の出所は言わなくても分かるでしょう。それに日本の会社は、仕事ができないからといってクビになることはありません。いったん入社すると、安心していられますよね。日本の会社の雰囲気は良くも悪くも「一致」、「調和」なのですね。どっちがいいかって? まー、今の会社（米国の会社）の仕事が好きですね。

●——いまだに徒弟制度?　の日本企業

改革・開放後、中国に数多くの外資系企業があらわれた。外資系で働くことは、収入が高く体面がよいため、優秀な者のあこがれである。しかし一方で、しばらく働いてからさまざまな理由で外資系をやめる人もいる。本事例は日本企業をやめた中国人の感想である。日米両方の企業で働くことになったLさんの経験は、日本企業にいると従業員は比較的安心感があるなどのいい点も発見したが、社長の一言ですべてが決まり、従業員に対して養成・訓練が不十分で、財務制度が不健全であると見なした。同じ東洋人である中国人が日本の会社のやり方に慣れず、アメリカ会社のやり方に慣れてしまうというのは興味深いことだ。

米国式企業の運営は明確で、成文化された規則（いわゆる「法治」）によっている。作業の操作規程も、一般的には明確なマニュアルがある。企業内で定めるさまざまな規則は、会社運営に基づいて断固として実行されるものだ。新参者はこれらの規則になじまなければならない。仕事中、これらの規則制度を遵守しさえすれば、大きな問題はないようだ。これに対し、日本企業の規則はそれほど明確ではない。明確な成文化した規則があっても、米国の企業ほど厳しく実行しない。企業の運営は主に従業員の上下間のある種の暗黙の関係によるものだ。とりわけ日本の中小企業および海外進出の企業には、このような事態がより顕著に見られる。

確かに日本の企業にも研修制度がある。入社時と一定の期間働いたあと、規定により業務上の研修がある。しかし、この制度は実際には厳しく遵守されていない。とりわけ今日、多くの企業は景気がよくなく、人を育てる余裕がない。また、日本の企業は教育費を負担して従業員を養成することにリスクを感じている。「こっちが力をかけて教えたのに、向こうはうちの会社で長く働こうとしない。技術をマスターすると、会社をやめて、他の会社のために働く」とある管理者が言う。大手企業の事情はまだましのようだが、多くの中小企業は、会社は仕事の場であり、勉強はまったく個人のことであると考えている。

就業意識

13

休みを取ることは権利なのに、日本ではなぜ認められないの？

（Hさん、在日中国人、男性、四〇歳、会社員）

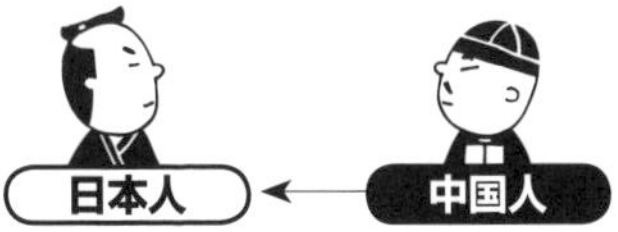
日本人
中国人

入社してまもなく、同僚の一人が病気のため入院し、二週間会社を休んだことがありました。退院して仕事に復帰する際、彼が真っ先にしたのは、「ご迷惑をかけて申し訳ありませんでした」と関係部署に頭を下げること。

そのとき、すごく不思議だったんですよね。

彼は病気にかかり、言わば不可抗力によって休ま

姉ノ結婚式ガアルノデ
休ミマス
今年に入って13回目だね
キミお姉さん何人いるの？

ざるを得なかったわけです。しかも、常日頃、有給休暇も取っていないのだから、その範囲内の日数でもある。それなのに、なぜ重大な失態でも犯したかのように皆に謝らなければならないのか……。

今から思えば、それが、私が日本企業の「休暇制度」に関して違和感を覚えた初めての出来事だったんです。その後、私自身が休暇の問題で二度ほど、上司とちょっとした揉め事を起こすに至りました。

一回目は入社して二年ほど経った頃。

私は有給休暇をためて、約一ヵ月間の休暇を取ることを上司に申し入れました。帰国のためです。それを聞いた上司は渋い顔をして、なんのために一ヵ月も休みを取るのだと、うるさく聞いてきます。いろいろ説明をしたのですが、上司は納得してくれず……。

実は休暇を申し出た時点で、もう往復の航空券は予約してあったんです。そのあたりの事情も話したら、やっと上司も折れてくれました。

ただし、素直に休暇を認めてくれたわけではなくて、正式に許可されたのは三週間だけ。三週間たった時点で、中国から一週間休暇を継続する旨の電話を入れる、という面倒くさいやり方を取るように言われたのです。しかも、月曜日ごとに必ず会社に国際電話を入れ、連絡を取り合うことを約束させられました。

社員である私には有給休暇を取る権利があるのに、なぜこんなにもうるさく言われるのか、私には不思議でたまりませんでした。

その二年後、私はまた帰国することにしたのです。前回の経験もあって、私は一計を案じました。

休暇を取るのは一〇日間、これはかなり早い段階で上司にＯＫをもらっておく。しかし、その休暇を取るのはゴールデンウィークの時期で、祝日や土日などと併せて約三週間、連続して休みを取る――。もちろん、一〇日間の休暇の事前申請の段階では、ゴールデンウィークと併せて休みを取るというのは内緒です。

見事、私の作戦は成功。一〇日間の休みならばとすぐにＯＫを出した上司は、その後、結局私が三週間も休むことにかなり苛立っていたようです。でも、申請に許可を出したのは当の上司。私に何か言えるわけがありません。

こうして私は二回目の長期休暇を勝ち得たのですが、その後、上司との折り合いが悪くなったのも事実です。

◉—中国にも「過労死」の波が押し寄せつつある？

最初にお断りしておくが、筆者も多くの読者と同様、Hさんのやり方はひどく非常識な行為だと思っている。休みの長さもさることながら、その取り方が適切ではなかった。

一回目に関して言えば、休みを取りたいと思った時点で、上司と相談し、同意を得てから航空券を予約するのがルールだろう。Hさんのやり方は、報告・連絡・相談が重んじられる日本企業ではもちろんのこと、中国の会社においてもやや常識はずれなものと言わざるを得ない。

二回目はもっとひどい方法を取ってしまった。ゴールデンウィークと併せて休暇を取ることを内緒にしているなんて、上司が怒って当たり前のことだ。

上司も、「初犯」だと思って一回目は妥協したが、二回目は苛立ちを隠せず、Hさんへの不信感にもつながったに違いない。

このようにHさんのやり方に問題はあるが、休みに関する中国人の考え方の一端を垣間見ることができる好例でもある。

中国の国営企業は人数が多く、一つの仕事を何人かで相談しながら進めていく形態を取る。一人が休みを取っても、全般には影響を及ぼさないわけだ。個人にかかるプレッシャーもそれほど強くはない。

日本企業では、労働基準法に則して「有給休暇」の規定があり、これは従業員が持つ当然の権利である。にもかかわらず、有給休暇を消化しない社員がほとんどだ。多くの日本人は病気にかかっても休まず、法定休暇を自ら放棄しているに等しい。

このような環境の下で、Hさんが一ヵ月も休むことに対して、上司が簡単にOKしなかったのは当然のことである。規則の許す範囲内でありながらも、会社の習慣的なやり方に違反しているにほかならないからだ。しかし、休みについての自らの権利を行使しないなど、中国人には理解しがたいことである。

中国人はこれまでの悪平等の体制下で、働くことと働く個人の利益とは切り離されていた。熱心に働いても収入が増えることはなく、ゆえに高い労働意欲が生まれにくかったわけである。そんな労働環境にあれば、サボるということではないが、休みも与えられただけ取ろうという意識につながっていく。

一方、資本主義社会では競争が激しく、それが高い勤労意欲をもたらす一要因となっていると筆者は考えている。

さらに、社会制度の影響のほかに、日本人が図抜けて仕事中心性（人生において仕事が重要であり中心的である）が高いという調査結果も出ている。それによると、アメリカ、イギリス、ドイツなど八ヵ国を比較したところ、「仕事好き」ナンバーワンは日本という結果が出たというのである（MOW, International Research Team, 1987 The meaning of working. New Youk：Academic Press. 岩田紀著『こころの国際化のために』北大路書房）。「過労死」（Karohshi）という日本語は今や世界に通用する言葉となり、中国でも使われているほどである。

しかし、昨今、中国も変わってきている。会社の夢をよく見る、眠れない、腰がだるい、背中が痛い、怒りっぽい等の症状を持つ人が、中国人ビジネスマンに増えているというのだ。

「過労死」にはまだまだ程遠いが、体制の変化に伴い、仕事と休暇に対する中国人の姿勢も変わりつつあるのではないだろうか。

就業意識

14

公私混同をちゃっかり行うのが中国人

（Tさん、日本人、男性、六五歳、無職）

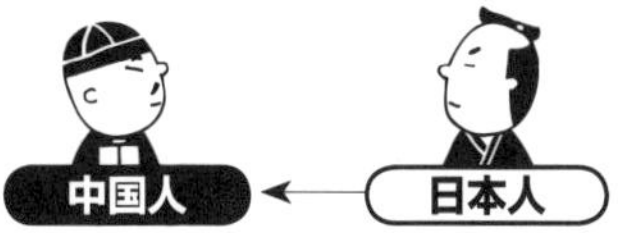

一九七〇年代のことでした。北京での旅行中、ハイヤーをチャーターしました。

ところがなんと一日目の観光に行く途中、見知らぬ中国人が便乗しているのです。

「僕の友人です。途中まで乗せてやってください。観光にはちっとも影響しませんから」そうドライバーが言うのですが、納得できる話ではありません。

自分のチャーターしたハイヤーに、なんで他人を乗せなければいけないのか。私は、内心、非常に頭にきていました。車内では、その「便乗中国人」が、通訳を通して私に話しかけてきます。図々しい男です。無視を続けましたが、その後の観光も心からは楽しめなかったですね。

●──『水許伝』にも登場する「私」が「公」を阻害するシーン

改革・開放前の中国は、企業間の競争がなく、人びとはやる気もなくサービスが悪かったことは、多くの日本人に深い印象として残されただろう。七〇年代の北京はタクシーも少ないし、「サービス」という概念がなかった。あの時代ならTさんの話したことはよくあったと思う。今北京のタクシー業は競争が激しくなってきており、もしこのようなことがあって、会社に知られると、ドライバーはクビにされるのが普通になった。それでも、中国人と日本人の「公」と「私」の感覚はまだまだ違う。

確かに、中国人の日常生活には「公私兼顧（公私混同）」が多く存在する。仕事用の車を私用に使い、子供を職場に連れてくる、仕事中の私用電話は当たり前、勤務時間中に平気で買い物にも行く……。中国人はこうしたことを不正とは思っていないのだ。このような行動を自慢する人さえいるほどだ。

　著名な中国古典『水滸伝』に描かれている梁山泊に集う好漢たちも、密接な「私」的ネットワークを持っている。このネットワークは時には「公」的な領域に侵入し、「公」的組織のスムーズな運営を妨げることがある。たとえば、官府（役所）に指名手配されている林冲は、仲のよい友人の柴進に連れられて猟に行くところで、守衛に会った。その守衛は柴進と知り合いなので、検問なしで二人を通らせ、結果、林冲は逃げ切ることができたのだ。

　民衆の立場から見れば、当時の官府は腐敗しており、梁山泊の男らが官府と戦ったことは肯定すべき行為である。しかし、官府という「公」的組織の目から見れば、「私」的な関係のせいで、ほとんど働いていないことになる。

　梁山泊の好漢たちの公私混同は、勤務時間中買い物に抜けることや、私用電話をかけまくることと同じ種類の問題なのだ。公私混同のせいで、企業は効率が低下し、管理の面でも混乱する。これは同時に、中国社会の多くの「不正」の源となり、中国人が他の国の人々から軽んじられる理由ともなる。これを改めなければ、中国の企業は永遠に近代化した組織にはなれないし、永遠に日本企業のライバルにもなれないだろう。

就業意識

15

上司に殴られた中国人女性の悲劇

(Lさん、在日中国人女性、四七歳、日本語学校教師)

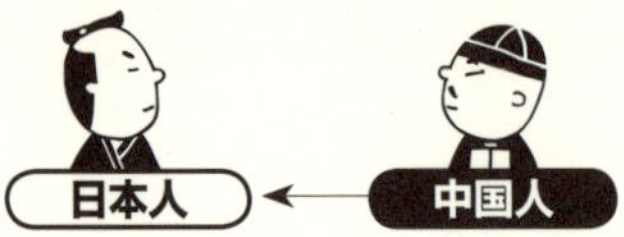
中国人
日本人

以前、私の担当するクラスに、中国の大都市から来たBさんという女性がいました。Bさんは中国ではオペラ歌手をしていたということですが、一九九四年に来日した後は、日本語を勉強しながら、レストランでホールのアルバイトをしていたのです。バイト先の上司はBさんと年齢の変わらない男性とのことでした。

アイヤー
中国に愛のムチってあるのかな?

来日したてのとき、Bさんはお皿を置くべき場所を間違え、上司にきつく怒られ、二度とそんなことはしないようにと、注意を受けたのです。でも、当時のBさんは日本語がで

きず上司の言うことがよく聞き取れなかったのでした。それで、次の日もまた同じミスを。それを見た上司はなにも言わず、彼女の頬をぶちました。Bさんは泣いて私のところに訴えてきたのです。私は憤慨し、彼女とともにバイト先のレストランに駆けつけました。

こうなったら社長に直談判しかありません。社長は事情を詳しく聞いて、人を殴るのはよくない。きっと誤解もあったのだろう。とにかく病院で検査してきなさい、医療費は全額負担するからと言ってくれました。さらに、入院中のお給料も支給するし、中国への往復チケット分も支払うと言ったのです。この事件はこれで決着です。

仮にレストラン側が理不尽なことを言うのなら、彼女のために裁判に持ち込んでもいいと思っていたので、無事に決着を見て安心しました。

在日中国人の正当な権益がはかられるべき時期

筆者から見れば、このケースは日中間の三つの問題を含んでいる。

①仕事の取り組みへの違い

日本企業で仕事をする上で大切なのは、「秩序」である。製造ラインでの流れ作業はもちろんのこと、他の仕事であっても、自分一人でやり通すものでない限り、油断は許されない。一般的に、日本人は他人に迷惑をかけまいとする意識が強い。自分自身が気をゆるめず働く一方、常に次の人のことを意識している。自社内であっても、「別工程はお客さま」の言葉があるとおり、次の工程の人に迷惑をかけず、彼らがスムーズに業務を遂行できるよう、心をくだかねばならないのだ。このケースの例で言えば、Bさんがお皿を置く場所を間違えたことは、次の人の仕事に悪影響をもたらす可能性がある。Bさんが考える以上に、Bさんの上司にとっては職場の秩序を乱すものとして目に余るものに映ったかもしれない。

中国人は仕事をする上で、自己流で振舞う傾向があり、日本的な厳しい秩序に慣れない部分がある。とりわけBさんのように大都市で暮らし、華やかな世界に身を置いていた人は、言葉も通じない上、このような仕事の経験もないことで、他の中国人よりも困った事態に遭遇する危険が高い。Bさんが日本での仕事に慣れるまで、長い時間が必要となるだろう。彼女が適応しなければならないのは、歌手からホール係へ、中国式の仕事のやり方から日本式のやり方へ、この二重の間での意識の切り換えが肝要なのである。

②上下関係の意識の違い

日本の企業では、通常、上司が部下への大きな権限を持つ。簡単に言えば、部下は上司の言うことを聞いて当然、なのだ。

Bさんの上司にしてみれば、きつく注意したにもかかわらず、Bさんが同じミスを繰り返したことで、彼女が自分に反抗している、あるいはまったくやる気がないと見てとり、激高したのかもしれない。日本では上司に、それだけの権限が認められているのだ（もちろん、暴力をふるうことは言語道断な話だが）。しかし、上司がそれほど大きな権威を持たない中国の企業では、上司の激しい怒りはうなずけるものではないだろう。

③在日外国人の問題

現在、かなりの数の外国人労働者が日本企業で臨時雇用されている。「序列」の底辺に位置する上に、日本語がよくわからない一部の人（不法滞在者も含む）は、たとえ人権侵害をされても警察に通報できないため苦難の日々を送るしかなくなる。日本政府はこれらの人々の待遇を考え、正当な権益を保護すべき時期に来ているだろう。

就業意識

16

日本企業を襲った中国人従業員の大ストライキ

（「『春闘』中国で芽生え、深圳日系企業九〇〇〇人大スト」二〇〇〇年一二月七日付『中文導報』）

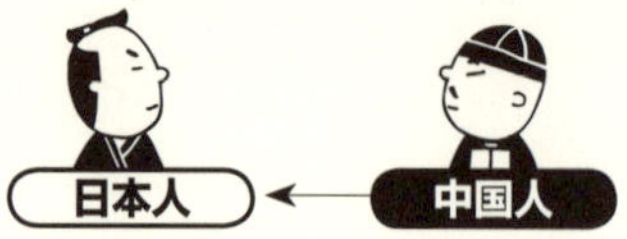

二〇〇〇年一一月二五日〜二七日、日本の電話機通信設備メーカー・A社の深圳子会社・友利電子公司で大規模な中国人従業員のストライキが起こり、生産ラインがストップした。後に保安区労働局の仲介のもとで、労使双方は激しい交渉の末、生産復帰に合意し、二八日、正常運転に戻った。

ストライキの理由は、日本人幹部の給料や管理態度への強い不満。さらに、直接のきっかけとなったのが、一一月二五日に修理部と製造技術部の中国人従業員に、日本人幹部が手当なしの残業を無理強いしたこと、紛争が起こった後、中国人従業員を殴ったことだという。

修理部と製造技術部の従業員四〇名ほどが先にストライキを起こした。その動きは瞬く間に友利電子公司内に広がり、一一月二七日、待遇改善を要求し、ついに全社九〇〇人が全面的なストライキに突入した。日本人幹部は事態の重大さを察知し、直ちに深圳市保安区労働局と連絡を取り、調停の依頼を提出した。

結果、保安区労働局の介入のもと、一一月二七日に労使双方のミーティングが開かれることになった。中国人従業員は組合の設立、従業員の基本権利の保障、賃金のアップ、食事や宿泊待遇の改善、従業員を殴った日本側の幹部への処罰等を要求した。

これに対し、日本側は、組合の設立については、中国の組合法に基づき、労働管理当局の指導のもとで行うことができる。賃金のアップ、残業手当の支払いは、中国の労働法の規定に基づき適当に調整する。中国人従業員を殴った幹部への処罰に関しては、誤解があったかもしれないので、理解してほしい。幹部のポストは移動させる、との態度を表明した。

中国人従業員は日本側から給料待遇改善の回答を受けたので、ストライキの基本的な目的が達成したと考え、直ちにストに終止符を打ち、三日間の短いトラブルは幕を閉じた。
……

労使の衝突は「春闘」型でなく、「ストライキ」スタイルで

労使関係と言えば、世界のどの国でも、従業員は待遇の改善と仕事量の軽減を願い、経営者は支出の削減と利益のアップを願う。仮に会社が予想以上に儲かった場合には、会社側は資本の積み立てや再投資を考え、従業員は給料の増額を考える。双方はいつも矛盾しているわけだ。

ただ、日本企業においては、このことは致命的な問題には発展しない。日本人のストライキは形式的なものになり、「春闘」とは、労使双方が交渉によって穏やかに互いの問題を解決する場となっているのだ。

ところが、中国ではそうはいかない。ここで紹介したストライキは、予定調和的な労使の衝突ではない。比較的個人を尊重する中国社会では、労使の衝突が発生する場合も、日本の「春闘」の形であらわれるのではなく、西洋社会のストライキの形に類似するものに

なる。

このストライキのきっかけは、大きく言えば、サービス残業と日本人幹部の態度の問題となる。

まず、サービス残業に関しては、日本ではきわめて普通なことである。しかし、これは中国では通用しない。中国人は、日本人ほど会社への忠誠心があるわけではなく、サービス残業は個人の「休息権利」への侵犯とされ、受け入れられないのである。中国人とビジネスでつき合おうと思う人は、このあたりをしっかり理解しておかないと、あとで痛い目にあう可能性も出てくる。

次に、暴力をふるった日本人幹部の問題がある。本当に殴ったかどうかは藪の中だが(少なくとも、態度が悪かったことは日本側も認めている。そこで推して知るべしということか)、言えることは一つ。中国人従業員は平等の意識が強いため、日本人幹部の威張った荒っぽい態度が我慢できないのである。

このストライキの事件は、日本企業が中国で事業を始める際、中国の国柄や文化、中国人の個性を十分に考慮すべきだということを私たちに教えてくれている。

総論

個人主義へと変貌を遂げる中国社会とのつき合い方

◉会社組織における中国人と日本人の意識のズレ

中国へ進出し、現地で事業を興す日本人は、異口同音にこう中国人を評する。「組織のルールを理解していない」「契約を守ろうとする意識が薄い」「やる気がない」……。

一方、日本の企業や中国での日中合弁企業で働く中国人は、日本企業の高い効率、仕事への真剣な取り組みを評価する反面、融通のきかない管理手法、社内の上下関係の厳格さ、個人の権限の小ささなどへの不満を持っている。

中国人と日本人のこういった意識のズレの原因は、大きく二つに分けられる。

第一は、社会体制の相違。中国は社会主義体制で長いことやって来ている。効率優先ではなく、公平優先であるというこの体制の特徴により、企業の効率が低下し、競争性に欠ける。さらに、個人のプレッシャーが小さいことによる責任感の欠乏等のひずみが生まれた。体制が変化しつつあるにもかかわらず、その影響はいまだ中国人の中に、そして中国の企業組織の中に残っている。

それに対し、日本は効率を重んじる資本主義体制の国家だ。企業の効率が相対的に向上し、競争性が強く、個人により大きなプレッシャーがかかるといったことが、この体制の賜物である。

これよりもっと重要で深刻な第二の原因は、文化や価値観、行動様式の相違である。企業とは個人の集合体であるが、個人の行動も価値観や、風俗・習慣に左右される。中国と日本の企業は文化や伝統などの過去の遺産に影響され、異なる特徴を持つに至った。そして、文化・伝統の違いがあるからこそ、日本型企業組織が、同様の資本主義体制を持つ米国や他の国の企業組織と区別されるのである。

・この第Ⅱ部総論では、中国と日本の企業組織の特徴を、
・参与方式＝個人がいかに企業に加わるか
・統合方式＝メンバー間、組織とメンバーがいかにつながりを持つか

・責任と権利＝組織の中で個人はどのような行動を取り、責任を持つべきか

のこの三つの視点から説明していこう。なお、読者の理解をより深めるために、適宜、米国を参照していく（ここでは「企業組織」の観点を参照した。詳しくは島田裕巳編『異文化とコミュニケーション』日本評論社）。

◉――企業とのかかわりも既存の人間関係がベースになる中国人

まず見ていくのが「参与方式」だ。これは個人がどんな形で企業組織に加わるかを言う。個人の企業組織への参与方式は、社会集団への参与方式と関連している。前者は後者のあらわれの一つなのだ。

個人主義の米国では、個人は直接、社会集団に加わる。すなわち、個人は独立した個体として、いかなる媒介をも介さずに直に集団に参与する。これは米国社会の「自由結社」の性格と一致している。企業組織も「自由結社」に似ており、共同体の性格を持たず、個人は自由意思により企業組織に加わる。そして、理論上では参入も退出もまったく自由である。事実もそれに近い。一般的には、個人が企業に入社する際に「入社式」のような儀

式は行われず、個人は組織体への献身も要求されない。他のメンバーとの信頼関係や調和も特に強調されない。多くの場合は、同時入社の人はすぐに所属の部署に配属され、まわりの人々は新参者を自分の競争相手と見なす。

それと対照的に、日本は集団方式で企業組織に参与する。すなわち、個人は独立した個人として直に参与するのではなく、小集団の形で間接的に加わるわけだ。

企業組織への参入は米国と同様に自由である。しかし、米国と異なるのは、企業はある種の共同体の性格を持ち、個人が企業に加わるときは、通常厳かな「入社式」が行われる。さらに、いったんある企業に加わると、共同体的な雰囲気に満ちた集団に置かれ、個人は集団に一体化されるようになる。理論上では参入も退出も自由だが、実際には参入したら、あまり退出はしない(中途退職者が増えたのは近年のことである)。高度に調和した小集団であるこのような企業組織では「会社一家」の考え方が比較的生まれやすい。企業の組織体が団体の生存と団体の発展への強い願望を持つ。

中国人は別の参与方式を取る。社会主義体制下の中国人は、仕事は国に配属され、企業組織に加わると、職を変えることがあまりできない。参入と退出の自由がないという点では中国の家族の特徴ときわめて似通っている。

事情が変わり、個人に大きな選択の自由があるようになった今日でも、中国人の企業組織への参与方式は相変わらず米国人のように完全独立の個人としてではない。一般的に、中国人には近親、知人、友人から構成される人間関係の輪があり、企業組織へ参与する場合、この輪を組織に持ち込むか、または企業組織で締結していくかの傾向がある。独立の個人として企業組織へ参加せず、企業組織はある種の共同体の性格を持つ面においては、中国人は日本人と似通っている。

しかし、日本と異なる点は、中国人のこの輪は強い自我を中心とし、企業はメンバーを一体化し難く、「会社一家」の考え方も生まれにくい。個人が企業へ入る際も、「歓迎会」のような儀式があるが、あまり厳格なものではない。ゆえに、中国企業の共同体意識は日本には及ばないと言えよう。中国人にとっては、個人を中心としてできたネットワークが、入社や企業内での昇進、成功などにとっては重要となるのだ。

◉——個人と個人、個人と組織は何で結びつけられるか

次に「統合方式」について見ていこう。統合方式とは企業がどのようなやり方でメンバー

とメンバー、メンバーと組織をつなぐかを言う。この統合方式は、社会集団の構成方法や運営方式と関連している。

個人が直に参与する米国企業の統合方式は、主に契約に頼り、組織の運営法は明確で、成文化した権利と義務に関する規則に負っている。これは米国社会が、契約社会であることと関連づけられる。米国企業の統合は人間的な関係ではなく、非人間的な規則に重きを置くのだ。このような統合方式は簡単明瞭で、マネジメントしやすい特徴を持つ一方、機械的な方式であるため、個人と企業との一体化の程度が比較的低く、個人は忠誠心や、仕事に対する情熱、企業への献身的精神に欠ける傾向がある。米国企業において、労働組合は大きな役割を果たしており、労使関係は緊張しているという。

日本企業においては、「場」が統合の主な方法である。これは日本における集団の結びつきが、「資格」ではなく「場」を重視することと関連づけられる。

日本企業は、独立した社会生活の「場」である。この「場」のみが、メンバーを高度に凝集でき、組織に対し統合の役割を果たすことができる。会社と従業員との間には成文化した契約があるものの、あまり細かいところまでは気にせず、それよりむしろ、道義と信頼関係で行動していく。

このタイプの統合は、個人が企業に大きな忠誠心と一体感を持ち、暗黙の了解があり、残業の命令がなくても、進んでサービス残業をするなど全力をあげて企業組織に身を投じる特徴を持つ。上司と部下の関係および労使関係にはある種、親子関係的な部分がある。

このモデルの欠点としては、個人は企業に献身しすぎるあまり、個人に与えられた裁量がきわめて小さいこと。組織体は高速で運転する機械のようで、個人はその中でグルグルと動き、自力で止まることができないこと。さらに、組織から排斥されると、個人にとっては致命的であることなどがある。さらに、集団のボスが問題になると、ほとんど集団全体が逃げられなくなる点もあげられる。

中国企業においては、相互信頼の上に成り立った「人間関係」は企業組織統合の重要な方式である。これは中国社会では親族原則が優勢を占めることと関連している。中国企業の統合は米国のような機械的なものではなく、この点は日本と似通っている。日本と異なるのは、相互信頼の「関係」のネットワークが統合の面で大きく作用していることだ。そして、このような「人間関係」の適用範囲は日本人の集団より狭い。上司（とそれに次いで同僚）に対する信頼関係が中国企業の統合の最大の力なのである。

企業の管理職として成功するための秘訣は、従業員との良好な関係を多くつくることにある。その一方、「関係」は組織体の調和にも常に悪影響を与えている。中国企業にも成文化した詳細な契約があるが、一般的には日本よりも重視されない。文書化された規定を任意に解釈したり、応用したり、改定したりする傾向がある。個人は契約や法律、体制、権利などを信じておらず、中国企業は日本企業より大きな裁量を個人に与え、一体化の程度と調和性が比較的低い。

以上述べてきた企業の特徴は、不変的なものではない。中国の企業も日本の企業もすでに変化を見せており、今この瞬間も、変化しつつあるのだ。

集団参与の面においては、中国の関係主義も日本の集団主義もほころびを見せ、企業組織の共同体としての性格は弱くなってきている。企業組織の統合の面においては、日本企業はバブル崩壊後、「場」によって人々を凝集する傾向が薄れている。さらに、日本企業に関して言えば、個人により多くの裁量を与える方向へと変化してきている。

◉──中国企業では個人が決定権を持つことも多々ある

最後に、「権力と責任」に関して見ていこう。これは、企業において個人は何をすべきか、またどのようにして行動に責任を取るかの方法を指す。ここには、従業員の仕事の仕分けや管理職の決断法なども含まれる。権力と責任モデルもそれぞれの国の文化に影響されるものである。

米国の企業は、個人に大変狭い範囲の職務をあてがう。職務に関する諸規定に従って割り振られた仕事をやっていけば、それだけで十分だというわけである。決定権は責任を負う個人に与える。仕事の仕分けは細かく、他人の仕事に手を出すのは、場合によっては盗みと同じことだと見なされてしまう。企業の指導者の決定は独断的とも言えるだろう。

日本企業における権力と責任の所在には柔軟なものがある。日本企業の社員は、いくつもの職務（部署）を順番にまわり、広い範囲で経験を深めながら、協調して仕事を行う。個人の権力と責任は明確でなく、往々にして集団で決定を下す。本当の決定者が誰だかわからない場合もある。ゆえに、組織内で問題が生じても、本当に責任を負う者が見つからないことさえある。日本の企業では、いちいち長い会議を開いて合意を得てから決断を下し、稟議や根回しを好む。このモデルでは決断を下すのに長い時間がかかる一方、実行段階での対立がなくなり、実行するときにスムーズに行く利点もある。

中国の企業では、個人の仕事の領分が、比較的明確になっている。権力は企業のトップに握られながらも、個人が決定権を持つことも多い。この点は日本企業と異なり、米国と似ていると言えるだろう。縁故主義の影響で、権力者は権力を利用し身近な者に便宜をはかる傾向があるため、権力が特殊な利益の供与の場になりやすい。

また、米国の企業のような権力と責任に関するはっきりとした成文規定が欠けているため、個人の権力はあまり制約されず、決定者も責任を負うプレッシャーが少ない。日本のような組織への忠誠心や相互の信頼がないため、他人との協力は、ある特別な関係のみに成り立ち、広範囲な協力関係を持つことが困難となる。

◉——コネ至上主義が崩壊する日も近い

これまでの中国は、まさに次のはやり文句のようなコネ社会だった。

「ことを運ぶには必ず関係（コネ）に頼る、関係があれば関係に頼り、なければ探し、探すのが難しければ関係を買う。ことを運ぶには必ず関係を探さなければならない。関係が見つからなければたいへんで、見つけられたら大丈夫。三つの公印も一人の同郷人にはかなわない、公印の力は大きくても、顔なじみの一言にはかなわない。同郷人同士が会えば、政策なんか全部忘れてしまう。他人が関係でことを運ぶのを見ても、怒るなかれ。自分に関係がなくても、気を落とすな。自分に関係があったら、遠慮するな」(『当代諺語――はやり文句』中国档案出版社)。

今日、しかし中国は変化しつつある。企業は、終身雇用制度(中国では「鉄のお碗」と言う)を打ち破り、失業も転職も不思議ではない状況となった。個人の能力はより重要視され、企業の自主性と自由を拡大することにより活力がみなぎり始めている。

そして、今、中国の企業はどのような方式で企業と人を結びつけるかの問題に直面している。

日本的経営方式は家族主義と恩情主義の特徴を持つ。このモデルは一見、中国の文化的風土に適しているかのように見えるが、中国の民衆文化は集団を基礎とする文化ではない。中国では、企業組織の「場」のみでは人々の心を一致させることは難しく、関係主義を超越する一体感が生まれにくい。

「中国の企業が最も考えられやすい統合方式は、そうしたつながりを否定するのではなく、むしろ企業全体へと広げていくということになろう。つまり、人間的に取り結ばれるさまざまなつながりが、企業を分断する方向にではなく企業を統合する方向に働くよう、関係の拡張を図るというわけだ。つながりによる統合、それはけっしてやさしいことではないだろうが、中国における関係主義の根強さに鑑みるに、考えられる方法はそれくらいしかないように思われる」（島田裕巳編『異文化とコミュニケーション』日本評論社）と、ある日本の学者が語っている。

関係主義は確かに中国企業の特徴の一つである。だが、企業が今後とも関係主義統合の道を歩むというのは無理な話である。人間関係による結びつきは財産の一つである一方、「情実主義（ネポチズム）」や「汚職腐敗（公金での飲み食い、部署の不正の風紀、部署の特権、公金の横領、公私混同）」など、企業に与えたマイナス影響もまた顕著である。これらはまさに、中国企業が早急に改めるべき点だと思う。

中国の企業にとっては、個人の権利と責任を強調し、法規契約を重んじ、人々の法規への畏敬と遵守を高め、コネ関係の濫用を制限する米国方式のほうが取り入れやすいだろう。

◉—中国社会を襲う大きな三つの変化の波

今日、中国社会には三つの重大な変化が起こっている。それは、

①創造性を特徴とする科学技術
②商品交換を特徴とする市場経済
③個人の尊厳の尊重を特徴とする民主政治制度

である。この三つは、皆、人々が一個人としてより独立し、より独創性を持ち、さらに人と人との関係がより契約化された社会文化的な土壌を必要としている。三つとも、資本主義の属性とも言えるものだろう。

中国は資本主義を経験したことがない。したがって、中国は社会文化的な面で、このような要素に欠けている。日本は資本主義社会ではあるが、バブル崩壊後、長期不況に見舞われ、それに続いて勃発したアジア金融危機の中でさまざまな問題が吹き出してきた。そうした経緯を踏まえると、この方面においては、日本もやはり「先天的発育不全」である。この三つを、クリアしているとは言い難い部分がある。

これからの中国も日本も、「集団重視」より「個人の価値」を重視するようになり、「相互依存」より「自己依拠」モデルを重んじるようになるだろう。教育も責任や義務を重視したものから個人の権利や自由を重視するものに変わり、個人の独立と独創を強調するようになるに違いない。

今後、中国における人間関係は「縁」よりも「契約」を重視するようになり、ルールを重んじ、わかりやすく透明なものになるだろう。これに伴って、政治制度も個人の尊厳、権利、自由をより尊重する方向へと変わっていくであろう。

これは従来のやり方や規則とは異なる動きだが、反対の道を歩むことではない。中国が世界に向けて開放を続けていく限り、そして、日本が立ち止まらない限り、この変化は人々が慣れようが慣れまいが続いていくであろう。

この判断は次のような歴史的経緯が証明している。

◉中国の「進歩」を裏付ける四つの歴史的経緯

第一に、歴史学者の研究によれば、欧米社会は昔から個人本位、契約関係の社会だったわけではない。一一世紀以前、すなわち貨幣経済が発達する前は、人間関係は共同体的特徴を持っていた。当時の個人は家族などの集団の中にしっかり束縛されていて、たとえば家族の誰かが罪を犯せば、家族全員の連帯責任となり、夫は妻に対して、時には生殺与奪の権利を有した。貨幣経済の浸透、キリスト教の伝播、ルネッサンス以後になってやっと、国家、教会、家族等の共同体の「へその緒」を断ち切って独立した道を歩むようになり、この基礎の上に経済的には資本主義、政治的には民主制度が建てられた。

第二に、一般的に、経済が発達している国家や地域は、発展途上の国家や地域と比べて、個人はより独立性を求め、人間関係はより契約的な関係を指向し、政治体制は個人の権利や自由を尊重する。

たとえば、筆者が見るところ、日本では西洋的価値観の伝播に伴って、個人主義に基づくライフスタイルが若者を中心にもてはやされるようになっている。日本の若者の多くは、彼らの父親世代のように、所属する小集団に献身的ではなく、個人やマイホームをより重視する。二一世紀の日本人は、必ず個人主義で生活しなければならない、と考える人もいる。評論家の堺屋太一氏は、日本の未来の発展課題は、明治以来の官僚主導思想を捨て、民間主導型社会をつくることだと述べている。個人が確立されてこそ官僚主導文化がつくり出した同質管理社会を超越することができる。とりわけ血縁・地縁社会、職級社会が次第に空洞化しつつある日本では、「個人の確立」によって形成されるところの興味が一致する「好縁（趣味を同じくする「縁」）」社会こそ、集団への関心を失わないとともに、二一世紀に向かう日本に福をもたらすものであるという。「これからの日本が〝幸せな国〟になるためには、集団への関心を失わない個の確立が望ましい」（堺屋太一著『「次」はこうなる』講談社）。これは今後の日本の趨勢であると言えるだろう。

第三に、商品経済が発達した中国の都市社会は、農村社会と比べて、個人の独立性が強まり、人間関係は契約化の傾向にある。中国は「一人っ子」政策によって今後親族体系が単純化していくだろう。これは新しい人間関係の構築に有利である。

現在、中国では多くの合弁企業ができ、リストラされる人々が大量発生しているが、これは人々がかつての安全保護の殻を失いつつあることを物語っている。人々はもうかつての家族的な中に帰ることはできない。

ちなみに、より独立性を持った個人の中で、いかにさまざまな非親族、非地域の自発的団体を結成し、活力のある民間組織へと育て上げ、その基礎の上に本当の「市民社会」を育てていくかが、今後の中国にとって重要な課題である。

第四に、「インターネット」時代は、個人の価値がより重視される。ネット上での私たちは各人が「.com（ドット・コム）」という抽象記号に変わり、私たちがマウスをクリックして他の「.com」と交流するとき、双方の出身、地位、権威、忠誠、依存などは何の意味も持たなくなる。この意味から言えば、個人は独立と平等を真に実現したことになる。

インターネット時代は、要するに、個人の価値、独立、独創、自由と平等により重きを置く時代となり、人々も普遍的な意義を持ったルールに、これまで以上に従うようになるだろう。

◉―「個人主義」への移行はもろ刃の剣とも言える

経済発展から見て、市場経済は各人がより独立し、独創性を備え、人間関係がより契約化した社会文化的土壌を必要とする。日本の心理学者・南博が言ったことは正鵠を射ているだろう。

「人間関係を近代的に合理化するこころみについても、日本では、まず、必要以上の義理人情をセイトンすることからはじめなければならない。……たとえ行きすぎても一度は通らなければならない道である」（南博著『日本人の心理』岩波新書）。

しかし集団という観点から見ると、この変化は人間関係をより希薄にし、心の孤立を深めるだろう。この趨勢がいいか悪いか、一概に論じることは難しい。個人主義はまた、もろ刃の剣だということを知っておかなければならないからである。

米国のように個人主義を強調する社会の一方では、人と人の間には相互不信や暴力傾向、またこれによってもたらされた家庭破壊、凶悪殺人、青少年犯罪、麻薬など社会問題が多々ある。米国では近年学内での銃乱射事件が多発している。

中国社会が「個人主義」に変化していく際にも、代償は必要となるに違いない。代償のない変化など、世の中には存在しないのだから。問題は、この代償をいかにして最小限度に抑えるかということである。

※本書は、二〇〇二年七月に発行された『中国人は恐ろしいか!?――知らないと困る中国的常識――』（三和書籍）を改題し、本文の記述を全面的に見直して再発行するものです。

〈著　者〉
●**尚　会鵬**（ショウ　カイホウ）
1953年河南省開封県生まれ。1981年北京大学南アジア研究所歴史学修士課程終了。北京大学教授。 同大学国際学院アジア太平洋研究室主任。専攻はアジア社会文化比較。

主な著書に『中国人と日本人：社会集団、行動様式と文化心理の比較分析』『インド文化代史』『カストとインド教社会』など
●**徐　晨陽**（ジョ　シンヨウ）
1955年上海生まれ。1978年上海外国語学院日本語課卒業。1990年に来日。発達心理学を学ぶ一方、日本文化への造詣を深める。現在はライター。

主な著書に『東の隣人：中国人の目で見る日本人』など

これでわかる中国人の常識・非常識

——巨大な隣人とのつきあい方——

2008年　5月　1日　第1版第1刷発行

著者　尚　会鵬
　　　徐　晨陽

発行者　高橋　考

発行所　三和書籍
〒112-0013　東京都文京区音羽2-2-2
電話　03-5395-4630　FAX 03-5395-4632

＜印刷製本：モリモト印刷＞

ISBN978-4-86251-036-5　C1036